辽宁信息技术职业教育集团教学科研成果

辽宁信息技术职业教育集团
电子信息技术课程标准 Ⅱ

王雨华　　丛书主编

王雨华　马　彪　主　　编

阎卫东　主　　审

北京理工大学出版社
BEIJING INSTITUTE OF TECHNOLOGY PRESS

图书在版编目(CIP)数据

辽宁信息技术职业教育集团电子信息技术课程标准.Ⅱ/王雨华,马彪
主编. —北京:北京理工大学出版社,2019.4
　ISBN 978 – 7 – 5682 – 6916 – 2

Ⅰ. ①辽…　Ⅱ. ①王…②马…　Ⅲ. ①电子信息 – 课程标准 – 高等职业教
育 – 教材　Ⅳ. ①G203 – 41

中国版本图书馆 CIP 数据核字(2019)第 066762 号

出版发行 / 北京理工大学出版社有限责任公司
社　　　址 / 北京市海淀区中关村南大街 5 号
邮　　　编 / 100081
电　　　话 / (010)68914775(总编室)
　　　　　　(010)82562903(教材售后服务热线)
　　　　　　(010)68948351(其他图书服务热线)
网　　　址 / http://www.bitpress.com.cn
经　　　销 / 全国各地新华书店
印　　　刷 / 北京富达印务有限公司
开　　　本 / 710 毫米 ×1000 毫米　1/16
印　　　张 / 10　　　　　　　　　　　　　　　　责任编辑 / 徐艳君
字　　　数 / 235 千字　　　　　　　　　　　　　文案编辑 / 徐艳君
版　　　次 / 2019 年 4 月第 1 版　2019 年 4 月第 1 次印刷　　责任校对 / 周瑞红
定　　　价 / 45.00 元　　　　　　　　　　　　　责任印制 / 施胜娟

编 委 会

前　言

　　为进一步加强辽宁省职业院校课程建设的交流与合作,积极探索工学结合的人才培养模式,充分发挥广大教师的积极性和创造性,推动集团资源建设共建共享,辽宁信息技术职业教育集团组织开展了电子信息类课程标准建设工作。目前已完成 40 门课程标准建设,探索开展了基于职业岗位分析的教学内容设计,构建了符合职业教育特点的教学模式及评价标准和评价模式。为使课程建设成果服务于更多的职业院校教学人员,进一步完善课程标准建设,集团决定将首批 40 门课程标准编辑出版。

　　本书由辽宁建筑职业学院王雨华教授、马彪教授主编,沈阳建筑大学阎卫东教授主审。本项工作得到了辽宁省内 30 余所职业院校教师的大力支持,北京理工大学出版社对课程标准建设给予了全方位的指导与支持,在此表示感谢。

　　课程建设永远在路上,集团将继续开展多层次、全方位的课程建设,并组织省内外职业院校开展广泛交流,共同提高职业院校教育教学水平。同时,诚挚希望得到大家的批评指正。

编　者

2019. 1

目　录

计算机应用基础课程标准 ……………………………………………………… 1

Java 程序设计课程标准 ………………………………………………………… 7

Android 应用程序开发课程标准 ………………………………………………… 18

SQL Server 数据库技术及应用课程标准 ……………………………………… 23

C 语言程序设计课程标准 ……………………………………………………… 33

网站构建技术课程标准 ………………………………………………………… 42

网页设计与制作课程标准 ……………………………………………………… 51

网络安全技术课程标准 ………………………………………………………… 58

数据结构课程标准 ……………………………………………………………… 65

ASP. NET 程序设计课程标准 ………………………………………………… 74

PHP 编程基础与案例开发课程标准 …………………………………………… 81

Flash 动画设计与制作课程标准 ……………………………………………… 87

HTML/CSS/JavaScript 语言课程标准 ………………………………………… 93

Photoshop 平面设计课程标准 ………………………………………………… 100

数字图像处理课程标准 ………………………………………………………… 107

视频文件处理技术课程标准 …………………………………………………… 117

UI 设计与制作课程标准 ……………………………………………………… 123

数字媒体技术课程标准 ………………………………………………………… 129

三维技术基础课程标准 ………………………………………………………… 135

制作系统数字影视课程标准 …………………………………………………… 140

计算机应用基础课程标准

一、课程基本信息

课程名称	计算机应用基础	课　时	64
适用专业	各专业	先修课程	
课程代码		后续课程	各专业计算机课程
编制人	吕岩、孙晓妍、俞明、胡颖、赵国东、董丽英、侯宪忠、黄彬、缪向辉、宁莹莹、黄海	制定日期	2018.11

二、课程概述

1. 课程性质

计算机应用基础是高等学校各专业的一门重要的公共基础课。随着计算机技术的迅速发展和信息化办公进程的加快，计算机知识已成为当代人的知识结构中不可或缺的重要组成部分，计算机应用水平和操作技能已成为从业人员必备的基本素质，计算机应用基础课程的教学内容与方法也随之不断更新。

2. 课程作用

教育部《关于深化职业教育教学改革全面提高人才培养质量的若干意见》中提出：“注重教育与生产劳动、社会实践相结合，突出做中学、做中教，强化教育教学实践性和职业性。”同时也提出，“把职业岗位所需知识、技能和职业素养融入相关专业教学中”“要普及推广项目教学、案例教学、情景教学、工作过程导向教学”等。计算机应用基础课程遵循相关文件精神，体现“工作结合、知行合一”的教学改革思想，强化职业素质和职业能力培养，从计算机办公应用实际出发，兼顾知识性、趣味性、综合性和实用性，归纳、总结、设计典型工作任务，按照知识和能力目标要求逐级展开，将相关知识融于典型工作任务中，内容由浅入深，形式图文并茂，讲练结合，使理论与实践教学一体化。

3. 课程设计思路

本课程设计"以项目为导向，以任务为载体"，包括 6 个项目，涵盖计算机基础知识、Windows 操作、Word 文字处理软件的使用、Excel 电子表格处理软件的使用、PowerPoint 演示文稿制作软件的使用、互联网应用与计算机安全知识。每个项目为相对独立的知识单元，包括若干个任务，每个任务按"任务描述""知识准备""任务实施""知识拓展""实践提高"等模块设计，教学目标明确，学做任务突出，案例具体实用，知识拓展充分。

课程设计结合计算机课程教学特点，注重知识性和实用性的融合，强调解决问题的能力的培养，满足不同职业岗位对计算机应用基础技能的要求。

三、课程目标

1. 知识目标

（1）掌握计算机系统的组成及基本工作原理。

（2）掌握 Windows 操作系统的基本操作，理解 Windows 操作系统中的桌面、窗口、对话框和菜单等对象。

（3）掌握 Word 的编辑、格式化、版面设计和文档输出的操作方法，掌握 Word 的表格处理和图文混排技术。

（4）掌握 Excel 的编辑、格式化的操作方法，掌握 Excel 公式和常用函数的使用，掌握排序、筛选等数据处理方法。

（5）掌握 PowerPoint 演示文稿的操作方法、幻灯片的制作方法，掌握演示文稿的外观设计和放映设置方法。

（6）了解计算机网络的产生和发展、分类、组成；了解计算机安全知识；了解网络道德规范和相关法规。

2. 能力目标

（1）能够理解计算机系统的基本工作原理，能够识别微型计算机的硬件系统。

（2）能够运用键盘和鼠标完成桌面、窗口、对话框和菜单的操作。

（3）能够应用 Word 中的图文处理技术美化文档，创建图文并茂的文档。

（4）能够应用 Excel 中的数据处理功能完成排序、数据筛选等操作。

（5）能够灵活运用文本、图形、表格以及多媒体等制作图文并茂的幻灯片。

（6）能够应用 Internet Explorer 浏览器进行网页浏览、信息搜索和电子邮件的收发。

3. 素质目标

（1）培养学习能力：能够自主学习和使用 Windows 和 Office 软件的能力。

（2）培养协作能力：加强与他人合作的意识，培养协调工作能力和组织管理能力。

（3）培养专业能力：计算机应用基础为各专业公共必修课程，可以为后续专业课的学习提供基础和保障。

（4）培养发展能力：培养较强的自我知识及技术更新的能力。

四、课程内容设计

序号	项目/模块名称	任务/单元编号、名称	教学目标	教学方法、手段	学时
1	认识计算机	1-1 计算机概述 1-2 计算机中的数制和编码 1-3 计算机的组成	1. 了解计算机的产生与发展、特点、应用和分类 2. 掌握计算机中数据和信息的表示 3. 掌握计算机系统的组成及基本工作原理 4. 能够举例说明计算机的分类和应用领域 5. 能够理解计算机信息处理技术，能够进行数制之间的转换 6. 能够理解计算机系统的基本工作原理 7. 能够识别微型计算机的硬件系统	讲授法	4
2	Windows 操作系统基本操作	2-1 操作系统概述 2-2 Windows 操作系统基本操作 2-3 Windows 文件资源管理器操作 2-4 Windows 系统设置 2-5 Windows 内置应用程序	1. 了解操作系统的基本概念、功能及主流操作系统 2. 掌握 Windows 操作系统的特点和功能 3. 掌握 Windows 操作系统的基本操作 4. 理解 Windows 操作系统中的桌面、窗口、对话框和菜单等对象 5. 理解文件和文件夹的概念 6. 能够运用键盘和鼠标完成桌面、窗口、对话框和菜单的操作 7. 能够进行文件、文件夹操作和系统环境设置 8. 能够熟练应用 Windows 内置应用程序	任务驱动法、讲授法、演示法	8

续表

序号	项目/模块名称	任务/单元编号、名称	教学目标	教学方法、手段	学时
3	Word 文字处理软件	3-1 Word 文档的创建 3-2 Word 表格处理 3-3 Word 图文处理 3-4 Word 文档的版面设置 3-5 Word 综合应用	1. 了解 Word 的主要功能 2. 掌握 Word 的启动和退出方法 3. 理解 Word 工作窗口的基本要素 4. 掌握 Word 文档的操作方法 5. 掌握 Word 的编辑、格式化、版面设计和文档输出的操作方法 6. 掌握 Word 的表格处理和图文混排技术 7. 能够应用 Word 创建、编辑和格式化文档 8. 能够应用 Word 创建表格，格式化表格 9. 能够应用 Word 的图文处理技术美化文档，创建图文并茂的文档 10. 能够应用样式和模板进行文档处理	任务驱动法、讲授法、演示法	16
4	Excel 电子表格数据处理软件	4-1 Excel 电子表格的创建 4-2 Excel 数据处理 4-3 Excel 图表处理 4-4 Excel 图表的版面设置 4-5 Excel 综合应用	1. 了解 Excel 的主要功能、运行环境 2. 掌握 Excel 的启动和退出方法 3. 理解 Excel 的工作簿、工作表和单元格等基本概念 4. 掌握 Excel 的编辑、格式化的操作方法 5. 掌握 Excel 的公式和常用函数的使用 6. 掌握排序、筛选等数据处理方法 7. 了解图表的类型，掌握图表的创建、编辑和设置的操作方法 8. 掌握页面布置和打印输出的操作方法 9. 能够应用 Excel 创建、编辑和格式化电子表格 10. 能够应用 Excel 中的公式和常用函数完成计算操作 11. 能够应用 Excel 中的数据处理功能完成排序、筛选等操作 12. 能够应用 Excel 创建图表进行数据分析	任务驱动法、讲授法、演示法	16

序号	项目/模块名称	任务/单元编号、名称	教学目标	教学方法、手段	学时
5	PowerPoint 演示文稿制作软件	5－1 PowerPoint 演示文稿的创建 5－2 PowerPoint 多媒体处理 5－3 PowerPoint 演示文稿的外观设计 5－4 PowerPoint 演示文稿的放映和发布 5－5 PowerPoint 综合应用	1. 了解 PowerPoint 的主要功能 2. 掌握 PowerPoint 的启动和退出方法 3. 熟悉 PowerPoint 的工作界面 4. 掌握 PowerPoint 演示文稿的操作方法、幻灯片的制作方法 5. 掌握 PowerPoint 演示文稿的外观设计和放映设置方法 6. 了解 PowerPoint 演示文稿的发布与打印方法 7. 能够应用 PowerPoint 创建、编辑和格式化演示文稿 8. 能够灵活运用文本、图形、表格以及多媒体等制作图文并茂的幻灯片 9. 能够运用主题、背景、模板和母版进行幻灯片外观设置 10. 能够灵活运用幻灯片的动画效果、切换效果、超级链接和放映方式设置，使幻灯片放映效果更加生动	任务驱动法、讲授法、演示法	12
6	互联网应用与计算机安全	6－1 计算机网络概述 6－2 IE 浏览器的使用 6－3 电子邮件 6－4 计算机安全	1. 了解计算机网络的产生和发展、分类、组成 2. 掌握 Internet Explorer 浏览器的使用 3. 能够识别计算机网络硬件设备，能够进行网络硬件设备的连接 4. 能够应用 Internet Explorer 浏览器进行网页浏览、信息搜索和电子邮件的收发 5. 了解计算机安全知识 6. 了解网络道德规范和相关法规	任务驱动法、讲授法、演示法	8

五、课程实施保障

1. 教学条件

实训设备：微型计算机（兼容机）及外部设备，包含 Windows 操作系统和 Word、Excel、PowerPoint 办公软件。

2. 课程资源的开发与利用

（1）教材的选用或编写建议

①教材的编写要以岗位所需知识为基础，将技能和职业素养融入课程标准。

②教材的编写应体现"工作结合、知行合一"的教学改革思想，强化职业素质和职业能力的培养。

（2）推荐的教学参考资料

①石忠，《计算机应用基础》，北京理工大学出版社，2017。

②吕岩，《计算机应用基础教程》，中国电力出版社，2010。

③吴俊君、龙怡瑄，《计算机应用基础任务驱动教程——WINDOWS 7 + OFFICE 2010》，北京理工大学出版社，2018。

3. 课程考核与评价

本课程属于操作和实践性的课程。考核采取"平时考核 + 上机考试"相结合的方式。考核由过程考核、期末考核和平时考核组成，注重考核学生的综合应用能力和综合素质。过程考核由教师与学生共同参与，包括教师评价、学生自评、学生互评，每个项目考核通过实际操作与软件运用得出分值。期末考核采用无纸化机试办法，使用相关的考试软件，主要考查学生对本课程基础知识部分的综合掌握情况。平时考核要注重学生的学习态度、学习中知识的运用能力等。

学生期末总成绩 = 过程考核成绩 × 30% + 期末考核成绩 × 50% + 平时考核成绩 × 20%

Java 程序设计课程标准

一、课程基本信息

课程名称	Java 程序设计	课　　时	72
适用专业	软件技术专业、物联网专业、电子商务专业等	先修课程	计算机基础、C 语言程序设计
课程代码		后续课程	JSP 网站开发、JavaWeb 程序设计、Android 程序设计
编 制 人	杨文艳、田春尧、王皓、陈磊、赵妍、张旭辉、徐晓东、邹飞、洪运国	制定日期	2017.10

二、课程概述

1. 课程性质

本课程是软件技术专业、物联网专业、电子商务专业等相关专业的一门专业必修课程。它简明扼要地介绍面向对象程序设计的基本概念、Java 语言的特点以及 Java 程序的开发过程，快速回顾编程基础语法，系统介绍 Java 面向对象编程的基础和高级语法，并通过典型应用案例对异常处理、常用 API、集合类、流式 I/O、JDBC 编程、多线程、GUI 编程、网络编程等专项进行学习和训练。

在知识方面，要求学生通过观看知识讲解视频、阅读和实现知识案例，熟练掌握 Java 面向对象编程的基础语法和核心语法，掌握 Java 程序设计专项知识要点；在技能方面，要求学生通过分析、实现和解决阶段案例中的问题，体会面向对象程序设计思想，培养 Java 程序编写和调试能力，并养成良好的编程习惯，为后续课程的学习打下坚实的基础。

2. 课程作用

作为一门重要的专业必修课，本课程的教学目标是使学生掌握Java面向对象编程的基础语法、核心语法和常用专项编程知识，培养学生基本的 Java 程序读写、分析、设计的兴趣和技能，使学生具备良好的编程习惯和编程能力，具备基本的程序员素质。

本课程是 JSP 网站开发、JavaWeb 程序设计、Android 程序设计等课程的前导课程，是从事 Java 企业级应用项目开发的基础。目前软件开发过程中所用到的面向对象概念、所涉及的软件设计理念和实现技术，都基于对 Java 程序设计基础的良好理解和熟练运用能力。另外，在各类计算机软件相关考试以及学生求职面试中均可看到 Java 的身影。

3. 课程设计思路

课程总体设计思路按照"全方位调研——开发课程标准——课程内容和案例设计——教材建设——改革教学方法——设计考核方案"步骤进行。

（1）从企业应用情况、多所高职院校、在校和已毕业学生等多角度对课程进行调研

调研软件企业对"软件工程师"岗位要求掌握的技能，分析 Java 基础技能需要掌握的程度；了解同类高职院校相关专业 Java 程序设计课程教学情况：教学大纲、课时安排、教学模式、考核方式及成绩评价等方面；了解学生学习 Java 程序设计课程的切身感受及受欢迎的授课模式。

（2）开发适合高职院校生源特点的 Java 程序设计课程标准

综合分析调研结果，充分考虑生源特点和时代特征，开发满足企业需求和适合高职院校生源特点的课程标准，为各院校相关专业 Java 程序设计课程的开设和实施提供参考。

（3）设计课程的内容和案例

根据课程标准，将 Java 程序设计知识点按照模块划分，并设计知识案例和阶段案例，给出每个知识点和案例的编号和名称、教学目标、教学方法和手段及建议的学时。

（4）编写教材

根据课程标准，将教学积累与企业需求相结合，由多所院校一线任课教师共同开发适合高职学生特点的教材，为其提供知识载体。

（5）改革教学方法

利用当今网络和新媒体技术的发展成果，引入视频教学、网络教学等新方法，作为传统教学的补充，将教学过程延展到课堂外。开发 Java 程序设计"微课"和课程习题、案例资源库，利用教学平台部署学习任务和测试作业，尝试实

现或部分实现"翻转课堂"教学，让学生课下学习与课上训练相结合，调动学生的学习积极性，提高自主学习能力，满足个性化学习需求，并弥补课堂教学学时的不足，掌握学生学习状况，使教学获得最佳效果。

（6）设计考核方案

打破"平时成绩＋期末试卷"的传统考核模式，考核内容多元化，形成性考核和终结性考核并重，将"观看学习视频""完成章节测验""完成编程作业""参与课程讨论"等课堂外的日常学习纳入考核体系，并在全部内容学习完成后进行综合性的知识与技能考核。

开发具有良好知识覆盖面和技能考核点的 Java 程序设计理论题库和编程题库，动态调整题库并通过教学平台部署和实施，及时、高效地完成考核和评价。教师及时掌握学生的学习状况，学生时刻明确努力方向，"以学代考、以考促学"。

三、课程目标

1. 知识目标

（1）知道什么是 OOP，了解 OOP 的概念和基本特性，理解面向对象思想在编程语言中的表现。

（2）熟悉 Java 编程的基础语法，了解 Java 基本数据类型、常量和变量、运算符、表达式的用法，掌握选择结构、循环结构以及跳转语句的使用，掌握数组的使用和增强 for 循环的使用。

（3）理解和掌握 Java 类和对象、继承、抽象类、接口的定义与使用，理解多态的含义和实现，掌握包和访问控制符的使用。

（4）知道什么是异常，了解常见的异常类，理解和掌握 Java 的异常处理机制。

（5）熟悉 Java 常用 API，了解字符串类、数学操作类和数据类型包装类的特性，掌握其用法；了解 JDK7 新特性，掌握 switch 语句中字符串类型的使用，理解 Lamda 表达式。

（6）了解 Java 集合类特性，理解 List、Set、Map 接口的作用和不同，理解泛型；掌握 Collections、Arrays 工具类的使用。

（7）知道什么是流式 I/O，理解字节流和字符流，掌握文件操作和常见的 I/O 流的编程应用。

（8）知道什么是 JDBC，了解多种 JDBC 驱动方式，理解 JDBC 连接数据库的过程，掌握 JDBC API 的编程使用。

（9）理解线程的概念，掌握线程的两种创建方法，理解线程控制方法。

（10）了解 JavaGUI 开发的特点，知道 AWT、Swing 界面组件，熟悉常用布局管理器的特点，理解 Java 事件处理机制，掌握简单事件处理方法的编程实现过程。

（11）了解网络通信协议，理解 UDP 通信和 TCP 通信过程的不同，掌握常见的网络编程类和多线程技术在网络编程中的应用。

2. 能力目标

（1）能安装并配置 Java 开发环境，并具有使用开发工具进行基本的程序设计和调试的能力。

（2）能正确使用变量、表达式、程序控制语句和数组、方法等实现程序基本逻辑。

（3）具有面向对象的思维方法，能运用 Java 语言分析、解决问题，会开发软件产品。

（4）能使用系统预设异常类和自定义异常类，具有处理 Java 程序中异常的编程能力。

（5）能熟练应用 Java 中提供的 API 编写程序解决问题，具有一定的扩展学习能力，能通过查阅文档、网络等方式展开课外学习。

（6）能正确使用集合类完成程序需求，能熟练使用工具类对集合进行排序、查找等常用操作。

（7）能利用 JDBC 数据库编程技术访问数据库，会在程序中使用 JDBC API。

（8）能利用多线程技术解决实际问题。

（9）能进行 GUI 图形界面程序的分析和设计，具有选择界面组件和安排界面布局的能力，能够理解和实现基本的 GUI 事件处理程序。

（10）能正确使用网络编程类和多线程机制实现网络应用程序的编写。

3. 素质目标

（1）初步具备忠于职守、严守商业秘密、尊重别人劳动成果的职业道德。

（2）具备守时、质量、规范、诚信、责任等方面的意识。

（3）具备严谨的工作作风和勤奋努力的工作态度。

（3）具备规范化、标准化的代码编写习惯和良好的文档习惯、测试习惯，编写有生命力的软件。

（4）通过分组完成项目，提高学生的团队精神和协作能力。

（5）善于学习和总结，不断跟进新技术，学习新技能，有分析问题、解决问题的能力。

四、课程内容设计

序号	项目/模块名称	任务/单元 编号、名称	教学目标	教学方法、手段	学时
1	欢迎走进Java世界	1－1 Java与面向对象程序设计 1－2 开始Java程序开发 1－3 集成开发环境Eclipse	1. 了解Java，理解OOP的概念和基本特性 2. 掌握Java程序开发过程；能安装并配置Java开发环境 3. 熟悉Eclipse开发环境 4. 能进行简单Java程序的编写和调试	讲解法、演示法；微课、指导	4
2	Java编程基础语法	2－1 Java基本语法 2－2 Java变量与方法 2－3 运算符和表达式 【案例2－1】 2－4 结构化程序设计 【案例2－2】 2－5 数组 【案例2－3】	1. 了解Java程序基本格式；能在程序中正确使用标识符、关键字和8种基本数据类型 2. 能在程序中正确使用变量 3. 掌握方法定义及方法重载 4. 掌握常用运算符 5. 能熟练使用表达式实现程序的基本逻辑 6. 熟悉分支结构和循环结构语句；能熟练应用分支和循环实现程序功能 7. 理解数组的存储状态；能在程序中熟练使用数组	讲解法、案例法；微课、指导	8
3	面向对象基础	3－1 类与对象 3－2 构造方法及this关键字 【案例3－1】 3－3 static关键字 3－4 成员内部类 【案例3－2】	1. 掌握类与对象的概念；能设计类并创建对象 2. 理解方法重载 3. 了解构造方法作用，掌握构造方法的定义和调用 4. 能正确使用this关键字 5. 理解static的含义，掌握其三种用途；能在程序设计中合理使用static 6. 了解内部类特征，理解内部类使用特点；能在程序中正确使用内部类	讲解法、案例法；微课、指导	6

序号	项目/模块名称	任务/单元编号、名称	教学目标	教学方法、手段	学时
4	面向对象高级	4-1 类的继承及 super 关键字 4-2 final 关键字 4-3 抽象类和接口 【案例 4-1】 4-4 关于多态 4-5 包与访问权限 【案例 4-2】	1. 掌握类的继承和方法重写的实现 2. 能正确使用 super 关键字 3. 理解 final 的含义，掌握其三种用途；能正确使用 final 关键字 4. 掌握抽象类和接口的定义和实现；能在编程时正确使用抽象类和接口完成程序 5. 理解对象转型和运行时多态，掌握对象转型原则和匿名内部类含义；能在程序中正确应用多态特性实现程序功能 6. 掌握包的定义和引用 7. 理解访问控制符的含义；能在程序中正确应用访问控制符	讲解法、案例法；微课、指导	8
5	Java 异常处理	5-1 异常及其分类 5-2 异常的处理 5-3 自定义异常 【案例 5】	1. 了解 Java 中的异常及其分类；能理解运行时异常和编译时异常在编程使用中的不同 2. 掌握 try、catch、finally、throw、throws 关键字的使用 3. 能在程序中使用捕获异常和抛出异常的机制恰当编程 4. 掌握自定义异常的实现方法；能较好完成异常处理程序的编写	讲解法、演示法；微课、指导	4

序号	项目/模块名称	任务/单元编号、名称	教学目标	教学方法、手段	学时
6	Java 常用 API	6－1　Java API 类库 6－2　数据类型包装类 6－3　字符串操作类 【案例6－1】 6－4　日期类 6－5　Math 与 Random 类 【案例6－2】	1. 了解 Java API 类库结构，会查阅 API 文档 2. 了解数据类型包装类与基本数据类型的关系；能在程序中正确使用数据类型包装类 3. 了解字符串类的作用，理解 String 类与 Stringbuffer 类的不同 4. 能在程序中正确使用字符串类 5. 了解 Date、Calendar 类常用方法；能在程序中正确使用日期类 6. 了解 Math 与 Random 类常用方法；能在程序中正确使用 Math 与 Random 类	讲解法、案例法；微课、指导	6
7	集合类	7－1　集合概述 7－2　List 接口 【案例7－1】 7－3　Set 接口 7－4　Map 接口 7－5　集合及数组工具类 【案例7－2】	1. 了解集合的概念、特性和分类，认识 Collection 接口的常用方法 2. 明确 List 接口特点，掌握 ArrayList、LinkedList 集合和 Iterator 迭代器用法，理解 foreach 循环；能在程序中使用泛型化集合完成数据的存取和遍历 3. 明确 Set 接口特性，掌握 HashSet、TreeSet 集合的使用方法；能编程实现单列集合元素的存取 4. 明确 Map 接口特性，掌握 HashMap、Properties 集合的使用方法；能编程实现双列集合元素的存取 5. 能使用 Collections 工具类对集合进行排序、查找和替换操作；能使用 Arrays 工具类对数组进行排序、查找、复制、填充元素等操作	讲解法、案例法；微课、指导	6

序号	项目/模块名称	任务/单元编号、名称	教学目标	教学方法、手段	学时
8	Java 流式 I/O 技术	8－1 流式 I/O 概述 8－2 文件操作 【案例8－1】 8－3 字节流 8－4 字符流 【案例8－2】 8－5 其他I/O流	1. 了解 Java 流式 I/O 特点，明确 I/O 流分类，掌握四大基础 I/O流类 2. 掌握 File、RandomAccessFile 类；能够在程序中使用恰当的方法实现文件访问 3. 掌握字节流特点及基本用法，深刻理解流式 I/O 编程原理；能使用字节流实现文件读写 4. 掌握字符流特点及基本用法，能在程序中使用字符流读写文件，能正确应用转换流 5. 掌握对象 I/O 流、管道 I/O 流；能编程实现对象序列化、管道通信	讲解法、演示法；微课、指导	6
9	Java 数据库连接技术	9－1 MySQL 数据库 9－2 JDBC 技术 【案例9】	1. 了解 MySQL 数据库管理系统；能够使用可视化数据库连接工具熟练创建数据库 2. 了解 JDBC，熟悉 JDBC 编程步骤，熟练掌握 Connection 接口、Statement 接口、PreparedStatement 接口的使用；能编写简单的 JD-BC 程序	讲解法、案例法；微课、指导	6
10	多线程编程	10－1 多线程概述 10－2 线程的创建 10－3 线程控制问题 【案例10】	1. 了解程序、进程和线程的相关概念，掌握并理解线程的状态与生命周期 2. 掌握线程的两种创建方式，理解各自特点；能在程序中使用恰当的方式实现多线程 3. 熟练掌握线程的常用方法，掌握线程的调度和资源共享（同步、等待、通知和死锁）；能在程序中实现线程控制	讲解法、演示法；微课、指导	6

序号	项目/模块名称	任务/单元编号、名称	教学目标	教学方法、手段	学时
11	GUI 编程	11-1 GUI 编程概述 11-2 GUI 界面设计 【案例 11-1】 11-3 Java 事件处理 【案例 11-2】	1. 了解 GUI 开发的特点，知道 AWT、Swing 和事件处理，对 GUI 程序有初步认识 2. 熟悉常用的界面组件类，熟悉 FlowLayout、BorderLayout、GridLayout 三种常用布局的特点；能实现简单的 GUI 程序界面设计 3. 理解 Java 事件处理机制，掌握 GUI 低级事件和高级事件处理程序的实现思路；能编写简单的 GUI 事件处理代码	讲解法、案例法；微课、指导	6
12	网络编程	12-1 网络编程基础 12-2 Socket 编程 【案例 12-1】 12-3 数据报编程 【案例 12-2】	1. 了解 IP 地址、端口号及 UDP 与 TCP 协议等网络协议，掌握 InetAddress 类及其常用方法 2. 掌握 ServerSocket 类、Socket 类及其常用方法；能编写多线程的 TCP 网络程序 3. 掌握 DatagramPacket 类、DatagramSocket 类及其常用方法；能编写 UDP 网络程序	讲解法、案例法；微课、指导	6

五、课程实施保障

1. 教学条件

项目/模块名称	仪器设备名称	功能要求
欢迎走进 Java 世界	计算机	Eclipse 开发环境、JDK8 及 API
Java 编程基础语法	计算机	Eclipse 开发环境、JDK8 及 API
面向对象基础	计算机	Eclipse 开发环境、JDK8 及 API
面向对象高级	计算机	Eclipse 开发环境、JDK8 及 API

项目/模块名称	仪器设备名称	功能要求
Java 异常处理	计算机	Eclipse 开发环境、JDK8 及 API
Java 常用 API	计算机	Eclipse 开发环境、JDK8 及 API
集合类	计算机	Eclipse 开发环境、JDK8 及 API
Java 流式 I/O 技术	计算机	Eclipse 开发环境、JDK8 及 API
Java 数据库连接技术	计算机	Eclipse 开发环境、JDK8 及 API、MySQL 数据库、Navicat Premium 可视化管理数据库工具、Java 连接 MySQL 的 jar 包
多线程编程	计算机	Eclipse 开发环境、JDK8 及 API
GUI 编程	计算机	Eclipse 开发环境、JDK8 及 API
网络编程	计算机	Eclipse 开发环境、JDK8 及 API

2. 课程资源的开发与利用

（1）教材的选用或编写建议

杨文艳、田春尧，《Java 程序设计》，北京理工大学出版社，2018。

（2）推荐的教学参考资料

①黑马程序员，《Java 基础案例教程》，人民邮电出版社，2017。

②耿祥义、张跃平，《Java2 使用教程（第 2 版)》，清华大学出版社，2011。

（3）教学软件

Office、Eclipse10、MySQL。

（4）主要参考网站

①Java 学习者论坛：http：//www. javaxxz. com。

②高校邦省级示范专业教学资源平台：http：//dlvtc. gaoxiaobang. com。

③51ctoJava 论坛：http：//bbs. 51cto. com/forum－133－1. html。

3. 课程考核与评价

（1）考核方式与考核内容

课程考核建议采用"教学平台多元化考核"的方式，考核学生的学习态度、知识掌握程度和编程技能应用熟练程度以及自我解决问题的能力，包括"观看学习视频""完成章节测验""完成编程作业""参与课程讨论"等课堂外的日常形成性考核，和全部内容学习完成后的终结性考核。

考核内容来自 Java 程序设计理论题库和编程技能题库，题库中理论题目数量不少于1 000道，编程技能题目数量不少于100个。题目的知识、技能覆盖面广，难易程度可选，可针对不同培养目标和生源情况进行调整和补充。

（2）考核时间与形式

①形成性考核：教学的1~16周内，课下平台上完成和课上课堂内进行。

②终结性考核：期末考试周，集中进行平台在线答题。

建议借助信息化教学平台或数字资源平台（如高校邦省级示范专业教学资源平台），结合教学过程实施完成考核，充分体现考核的公平合理性，以及可行便利性。

（3）成绩构成

①形成性考核成绩（占50%）：观看学习视频占10%；完成章节测验占10%；完成编程作业占10%；参与课程讨论占10%；课堂出席和表现占10%。

②终结性考核成绩（占50%）：客观题考核占30%，主观题考核占20%。

客观题和章节测验题从理论题库中抽取；主观题和编程作业从编程技能题库中抽取。

Android 应用程序开发课程标准

一、课程基本信息

课程名称	Android 应用程序开发	课 时	64
适用专业	移动互联应用技术、物联网应用技术、软件技术、网络技术	先修课程	C 语言程序设计、Java 程序设计、数据库技术等
课程代码		后续课程	移动互联开发综合实训
编 制 人	焦战、朱雷、王颖、王智学、姚学峰、崔鹏、于智、叶宾、马宏茹、宋立峰、周冠臣、张智波	制定日期	2017. 10

二、课程概述

1. 课程性质

本课程是高职高专院校移动互联应用技术专业的专业核心课，也是物联网应用技术、软件技术等相关专业的必修课，是基于工作过程的校企合作开发课程，是院级的网络课程、院级的精品课程。它是一门实践性很强的课程，不仅要掌握 Android 的一些基本编程知识技巧，更重要的是能够实际动手开发一些成品应用。

2. 课程作用

通过本课程的学习，学生能够完成移动互联软件开发工程师、软件开发工程师、物联网技术支持工程师、物联网系统开发工程师等岗位上的智能终端软件开发任务，能够提高具体问题分析、解决的能力，能够增强动手能力和创新能力，并养成良好的职业道德，为以后的工作打下坚实的基础。

3. 课程设计思路

本课程根据移动互联软件开发人员工作岗位职业能力的需求，设计了三个实训项目，这些项目都是围绕移动互联软件开发人员应掌握的工作技能进行设计的。

本课程在设计时以锻炼学生的动手能力为主，对于比较深奥难懂、且实际开发中运用较少的知识点尽量少讲或不讲，一切以实际项目为核心，使学生的课程学习和工作需要能完全吻合。

本课程教学通过将课堂案例教学微课放到慕课（MOOC）在线学习平台上，以翻转课堂形式讲解重点、难点，进行相关类似项目案例的制作与答疑，在教学实施过程中强调"学中做、做中学"，在教学形式上体现"线上"和"线下"的紧密结合。全课程以项目为主线，通过问题、项目导入（实践）——→学生思考、分析、回答、教师评议、总结（理论）——→扩展应用（实践）的方式进行，使授课内容与工作实际紧密结合。

三、课程目标

1. 知识目标

（1）正确理解 Android SDK。

（2）掌握 Android 开发环境的搭建、软件发布知识。

（3）掌握 Android 五大组件的相关知识。

（4）掌握 Android 高级 UI 知识。

（5）掌握 Android 网络处理知识。

（6）掌握 Android 多线程知识。

（7）掌握 Android 数据存储知识。

（8）掌握 Android 多媒体知识。

2. 能力目标

（1）能运用安装软件进行 Android 开发环境的搭建。

（2）能运用 Android 五大组件进行程序的开发。

（3）能根据 UI 的要求进行界面的开发。

（4）能根据网络的需求实现 Android 网络开发。

（5）能运用多线程技术提升程序的整体处理性能。

（6）能运用 Android 多媒体技术实现动画等方面的处理。

（7）能够通过代码编写规范要求培养学生编写规范化的程序代码。

3. 素质目标

（1）养成服务意识：能够为他人提供优质的服务。

（2）养成文明、法制意识：合理利用所学知识，不做危害他人和社会的事。

（3）养成吃苦精神：能承受软件开发带来的体力和脑力的压力。

（4）养成合作精神：能够与他人进行合作，具有协调工作能力和组织管理能力。

（5）培养较强的自我知识及技术更新能力，快速跟踪社会前沿技术及市场应用动态。

四、课程内容设计

序号	项目/模块名称	任务/单元编号、名称	教学目标	教学方法、手段	学时
1	Android 开发环境搭建	1-1 Android 系统概述 1-2 Android 开发环境设置 1-3 Android 系统架构	1. 了解通信技术 2. 了解 Android 的起源 3. 掌握 Android 开发环境的搭建 4. 同学之间要互帮互助	任务驱动法、讲授法、演示法	4
2	仿微信通讯类软件设计	2-1 注册登录部分 2-2 主页 2-3 聊天列表 2-4 通讯录 2-5 设置 2-6 发起群聊 2-7 传感器设置	1. 掌握布局以及控件的使用，会搭建常见布局 2. 掌握程序调试的方法，实现对程序的调试 3. 要求学生掌握 LogCat，能够快速定位日志信息 4. 了解 Activity 生命周期状态，会使用 Activity 生命周期方法 5. 了解 Activity 中的任务栈，掌握 Activity 的四种启动模式 6. 掌握 Intent 的使用，学会使用 Intent 进行数据传递 7. 掌握 Handler 原理，会使用 Handler 进行线程间通信 8. 培养团队排错协作能力	任务驱动法、讲授法、演示法	20
3	仿京东购物网站类软件设计	3-1 购物界面 3-2 后台设置 3-3 网站设置 3-4 数据库处理	1. 掌握五种数据存储方式的特点 2. 掌握使用文件存储数据、SharedPreferences 存储数据 3. 了解 XML 和 JSON 数据，并能对其进行数据解析 4. 掌握 SQLite 数据库的基本操作，能对数据进行增删改查操作 5. 掌握使用 SQLite3 工具操作数据库 6. 掌握 ListView 控件的使用，并能通过数据适配器绑定数据 7. 掌握服务的生命周期，以及启动服务的两种方式 8. 了解 HTTP 协议，学会使用 HttpURLConnection 访问网络 9. 要求学生了解 AsyncHttpClient、SmartImageView 开源项目的使用	任务驱动法、讲授法、演示法	20

续表

序号	项目/模块名称	任务/单元 编号、名称	教学目标	教学方法、手段	学时
4	仿网易微网站新闻类软件设计	4－1　新闻列表的时间段显示 4－2　频道管理 4－3　新闻内容详情查看 4－4　新闻图片浏览 4－5　城市列表选择 4－6　音乐播放板块制作	1. 掌握 Android 框架的使用 2. 掌握 Android 中适配器的使用 3. 掌握 Android 中其余布局的使用等	任务驱动法、讲授法、演示法	20

五、课程实施保障

1. 教学条件

项目/模块名称	仪器设备名称	功能要求
仿微信通讯类软件设计	手机、PAD、模拟器	1. 能够设计制作 UI 界面
仿京东购物网站类软件设计		2. 能够设计制作出基本数据交换功能
仿网易微网站新闻类软件设计		3. 能够将功能流畅实现，并能够交互良好

校内实验实训基地条件：电脑最低配置为内存 8G 以上，CPU 为 i5 及以上。
校外实训基地条件：各专业相关实习基地均可。

2. 课程资源的开发与利用

（1）教材的选用或编写建议

①教材要以岗位能力分析为基础，以移动应用开发的能力要求和本课程标准为依据进行编写。

②教材的编写应以真实项目为主线，按实际开发过程组织编写内容，强调理论与实践的结合，便于实现"教、学、做"三位一体；教材的编写要以解决实际问题来带动理论学习和编程技能的掌握。

③教材的编写要体现教师教、学生学的环节，既方便教师教学，也方便学生自主学习。

④教材的编写要体现"理论实践一体化"教学方法的特点。

（2）推荐的教学参考资料

①毕小朋，《精通 Android Studio》，清华大学出版社，2017。

②靳晓辉、张文书，《Android Studio 实战》，清华大学出版社，2016。

③巅峰卓越，《Android 从入门到精通》，人民邮电出版社，2017。

④黑马程序员，《Android 移动开发基础案例教程》，人民邮电出版社，2017。

⑤余平、张建华，《Android 基础教程》，中国水利水电出版社，2013。

⑥李维勇，《Android 任务驱动式教程》，北京航空航天大学出版社，2016。

（3）教学软件

Android Studio、JDK1.8、逍遥安卓模拟器、海马玩模拟器。

（4）主要参考网站

①移动开发者门户：http：//www.apkbus.com（关于 Android 移动开发的网站）。

②CSDN（世纪乐知）：http：//database.csdn.net（关于 Android 应用方面的专题）。

3. 课程考核与评价

本课程属于操作和实践性的课程，所以不采用期末考试，考核由平时成绩、项目成绩、APP 应用下载成绩、扩展任务得分和教师评定五部分组成。

（1）平时成绩（占 15%）：包括考勤（占 10%）、课堂提问（占 5%）。

（2）项目成绩（占 50%）：根据学生每节课完成的情况、团队合作情况、项目整合情况、扩展内容完成情况综合考虑，划分等级。如果团队中有一个人没有完成好任务，则降一个等级。

（3）APP 应用下载成绩（占 10%）：根据学生上传到安卓市场的 APP 应用的下载和评价情况，划分几个等级。

下载及评价情况	得分
下载量在所有组中次数最多，并且网上评价好	20
下载次数居中，网上评价还可以	15
下载次数较少，网上评价不好	10

（4）扩展任务得分（占 15%）：本项目中一共有 5 个扩展项目，每实现一个扩展任务加 3 分。

（5）教师评定（占 10%）：综合学生在学习过程中的学习态度、学习能力、潜力和创新能力等各方面，划分几个等级。此项是以个人能力为单位，不以团队为单位。

个人能力情况	得分
十分热爱编程，上课态度非常认真，具有较强的实验及实践能力，编写和调试能力较强，有较高的团队合作意识，每一项任务都能按时完成，有创新	10
具有较强的实验及实践能力，编写和调试能力较强，团队合作意识不强，每一项任务都能按时完成	8
能够按时完成每一项任务，编程能力不强，编程思想不灵活	6

SQL Server 数据库技术及应用课程标准

一、课程基本信息

课程名称	SQL Server 数据库技术及应用	课　时	64
适用专业	计算机类专业	先修课程	C 语言程序设计
课程代码		后续课程	动态网站建设
编制人	李静、罗雨滋、付兴宏、燕美、郭佳、李红梅、谷丽	制定日期	2017.10

二、课程概述

1. 课程性质

本课程是计算机应用技术专业以及其他计算机大类的专业核心课，也是国家等级考试以及部分工科专业的计算机素养课，是校企合作开发的基于工作过程的课程。

2. 课程作用

本课程主要是针对数据库系统管理员、数据库应用开发程序员、数据库应用项目测试工程师等岗位开设的。

本课程通过"教、学、做"一体化的途径，着重培养学生的数据库分析与设计能力、数据库管理与维护能力；数据库文档的编写能力。在技能培养的同时，注重培养岗位所需的创新意识、团队合作精神等职业素质，使学生具备良好的数据库应用和开发的职业能力和职业素养，为后续课程的顺利实施和今后的工作奠定基础。

3. 课程设计思路

本课程标准在设计上本着懂方法、重应用的总体思路，突出体现职业教育的技能型、应用性特色，着重培养学生的实践应用技能，力求达到"理论方法够用，技术技能过硬"的目的。

按照"以能力为本位、以职业实践为主线、以项目课程为主体的模块化专业课程体系"的总体设计要求，本课程以形成数据库管理能力和利用高级编程语言进行数据库编程能力为基本目标，紧紧围绕完成工作任务的需要来选择和组织课程内容，突出工作任务与知识的联系，让学生在职业实践活动的基础上掌握知识，增强课程内容与职业能力要求的相关性，提高学生的就业能力。

四、课程目标

1. 总目标

本课程的学习使学生具备成为本专业的高素质技能型人才所必需的数据库系统应用、设计、开发的基本知识和基本技能，具备适应职业变化的能力以及继续学习新知识的能力；使学生通过项目的实现，具备良好的综合素质和职业道德，能够吃苦耐劳、爱岗敬业、团结合作。

2. 具体目标

1. 知识目标

（1）了解数据库系统和数据库需求分析的基本方法。

（2）能进行数据库系统的安装与维护。

（3）能在应用程序开发中设计数据库结构。

（4）会借助 SQL Server 数据库内置的各种工具，进行 SQL 语句编写与调试。

（5）能通过建立索引、约束等实现数据库完整性。

（6）能编写与调用触发器、存储过程处理复杂数据。

（7）能在高级语言中连接、查询、更新数据库。

（8）能够进行数据备份与恢复操作。

2. 能力目标

（1）能够阅读理解需求分析，进行数据库的设计。

（2）能编写数据库文档。

（3）能够熟练地使用 SQL Server Management Studio（SSMS）注册服务器和联机丛书。

（4）能够熟练地进行数据库定义、操纵和管理。

（5）能够通过数据库编程访问数据库。

（6）能够对数据库进行管理和维护。

（7）能看懂简单的专业英文资料。

3. 素质目标

（1）培养学生良好的职业道德。

（2）培养学生守时、质量、规范、诚信、责任等方面的意识。

（3）培养学生分析问题、解决问题和再学习的能力。

（4）培养学生创新、交流与团队合作能力。

（5）培养学生严谨的工作作风和勤奋努力的工作态度。

（6）培养学生较强的掌握新技术、新设备和新系统的能力。

四、课程内容设计

1. 教学内容选择方案

基于"以就业为导向，以服务为宗旨"的理念，遴选课程内容；打破学科体系，根据数据库设计师职业岗位的要求，将课程内容进行解构和重构。

以真实的项目和任务为载体，基于应用程序的设计、开发与维护岗位的工作流程设置教学模块和教学项目。

2. 教学内容

本课程由 10 个教学模块组成，具体内容见下表：

序号	项目/模块名称	任务/单元编号、名称	内容载体选择	教师要求	学生要求	学习地点
1	数据库基础知识	1－1 SQL Server 2008简介 1－2 创建数据库	案例引导	讲师、程序员或以上	掌握 SQL Server 2008 的安装及数据库的创建	理实一体教室
2	数据库表的管理	2－1 数据类型 2－2 数据完整性 2－3 表的管理	案例引导	讲师、程序员或以上	掌握数据表的创建，理解数据完整性	理实一体教室
3	数据的管理	3－1 添加数据 3－2 删除数据 3－3 修改数据	案例引导	讲师、程序员或以上	熟练掌握数据的增加、修改、删除	理实一体教室
4	数据的查询	4－1 简单查询 4－2 模糊查询 4－3 分组查询 4－4 表的连接	案例引导	讲师、程序员或以上	熟练掌握各种查询的方法，掌握多表查询	理实一体教室

续表

序号	项目/模块名称	任务/单元编号、名称	内容载体选择	教师要求	学生要求	学习地点
5	数据库设计	5-1 数据库设计步骤 5-2 E-R图 5-3 数据规范化	案例引导	讲师、程序员或以上	掌握数据库设计的步骤;掌握E-R图的绘制	理实一体教室
6	T-SQL编程	6-1 变量的作用域 6-2 常用的运算符 6-3 T-SQL流程控制语句	案例引导	讲师、程序员或以上	理解变量的作用域;掌握常用的运算符;掌握常用的流程控制语句	理实一体教室
7	SQL高级子查询	7-1 简单子查询的使用 7-2 IN、ALL、ANY 7-3 EXISTS 7-4 相关子查询	案例引导	讲师、程序员或以上	掌握各种子查询的使用	理实一体教室
8	事务、索引、视图	8-1 事务 8-2 索引 8-3 视图 8-4 同义词	案例引导	讲师、程序员或以上	掌握事务、索引、视图、同义词的概念和使用	理实一体教室
9	函数与存储过程	9-1 标量函数、表值函数 9-2 存储过程	案例引导	讲师、程序员或以上	掌握函数的使用;掌握存储过程的创建和调用	理实一体教室
10	触发器与游标	10-1 各种触发器 10-2 游标	案例引导	讲师、程序员或以上	熟悉各类触发器的使用;掌握游标的创建和使用	理实一体教室

3. 学习要求

本课程的学习,要求学生做到课前预习、课中动手、课后主动练习,认真完成各项上机任务,并主动完成课程教学平台上的作业、习题等。在学习过程中,教师根据学习进展情况,给学生有计划地安排系统设计、制作与管理的相关工作任务,要求学生课前通过自学预做,课后根据教师的提示完成给定的任务,通过

"学即工、工即学"的方式，掌握应用程序设计、制作、测试与维护的方法步骤，能进行应用程序的设计、制作与管理的工作，提高应用系统建设的综合能力。各单元教学内容知识、能力、素质要求见下表：

序号	项目/模块名称	单元教学内容	学时	教学方式	知识目标	能力目标	素质目标
1	数据库基础知识	1. SQL Server 2008简介 2. 创建和管理数据库 3. 创建和管理数据表	4	理实一体	掌握数据库、数据表的创建及管理	会安装SQL Server 2008；掌握数据库、数据表的创建	培养学生自主、开放的学习能力
2	数据库表的管理	1. 数据类型 2. 数据完整性 3. 表的管理	6	理实一体	掌握并理解数据完整性；掌握表的管理	能熟练运用SQL命令实现对表的管理	培养学生自主、开放的学习能力
3	数据的管理	1. 添加数据 2. 删除数据 3. 修改数据 4. 数据库的分离与附加	6	理实一体	掌握数据的一般操作方法及数据库的分离与附加	能熟练使用SQL命令进行数据添加、删除、修改	培养学生按时、守时的软件交付观念
4	数据的查询	1. 简单查询及内置函数 2. 模糊查询及聚合函数 3. 分组查询 4. 表的连接及U-NION运算	10	理实一体	熟练掌握各种查询方法	能熟练使用SQL命令进行数据的查询	培养学生勤于思考、做事认真的良好作风
5	数据库设计	1. 数据库设计步骤 2. E-R图 3. 数据规范化	6	理实一体	掌握E-R图和数据库设计步骤	会绘制E-R图	培养学生谦虚、好学的品质
6	T-SQL编程	1. 变量的作用域 2. 常用的运算符 3. 批处理 4. T-SQL流程控制语句	6	理实一体	掌握变量、运算符的使用；掌握流程控制语句	能熟练使用流程控制语句编写批处理命令	培养学生自主、开放的学习能力

序号	项目/模块名称	单元教学内容	学时	教学方式	知识目标	能力目标	素质目标
7	SQL高级子查询	1. 简单子查询的使用 2. IN、ALL、ANY 3. EXISTS 4. 相关子查询 5. 子查询与多表连接查询	8	理实一体	掌握各类子查询的使用	灵活运用SQL命令实现各类子查询	培养学生自主、开放的学习能力
8	事务、索引、视图	1. 事务的概念和使用 2. 索引的概念和创建 3. 视图的创建和使用 4. 同义词的概念和创建	6	理实一体	掌握事务、索引、视图、同义词的概念和使用	掌握事务处理，索引、同义词的创建以及视图的运用	培养学生分析问题、解决问题的能力
9	函数与存储过程	1. 标量函数、表值函数 2. 系统存储过程 3. 用户定义存储过程及执行	6	理实一体	掌握函数和存储过程	会编制存储过程；灵活运用各种函数	互相帮助、互相学习的团队协作精神
10	触发器与游标	1. after触发器 2. instead of触发器 3. 游标的创建和使用	6	理实一体	掌握触发器；掌握游标的创建及使用	理解触发器和游标的创建及使用	培养学生分析问题、解决问题的能力

4. 学时

本课程共计64学时，均为理实一体授课方式。课程学时分配情况见下表：

序号	项目/模块名称	总学时	理论学时	实践学时	理实一体学时
1	数据库基础知识	4	2	2	4
2	数据库表的管理	6	2	4	6
3	数据的管理	6	2	4	6

序号	项目/模块名称	总学时	理论学时	实践学时	理实一体学时
4	数据的查询	10	4	6	10
5	数据库设计	6	2	4	6
6	T‐SQL 编程	6	3	3	6
7	SQL 高级子查询	8	4	4	8
8	事务、索引、视图	6	3	3	6
9	函数与存储过程	6	3	3	6
10	触发器与游标	6	3	3	6

5. 教学手段与方法

本课程主要采用项目教学方法、学生角色扮演法、任务驱动法等教学方法，实行"课程内容模块化，能力培养工作过程化，实践指导个性化"的教学模式；合理运用现代教学手段进行立体化、多层次、信息化教学。课程各单元教学方法与手段见下表：

序号	项目/模块名称	主要教学方法	教学手段	教学资源准备
1	数据库基础知识	多媒体教学	工作任务	引导案例
2	数据库表的管理	任务驱动教学	工作任务	引导案例
3	数据的管理	任务驱动教学	工作任务	引导案例
4	数据的查询	案例教学	工作任务	阶段项目
5	数据库设计	案例教学	工作任务	引导案例
6	T‐SQL 编程	讲练结合教学	工作任务	引导案例
7	SQL 高级子查询	项目驱动教学	工作任务	引导案例
8	事务、索引、视图	案例教学	工作任务	引导案例
9	函数与存储过程	任务驱动教学	工作任务	引导案例
10	触发器与游标	任务驱动教学	工作任务	综合项目

五、课程实施保障

1. 教学条件

本课程教学中所需的基本的实验仪器、设备、教学设施如下：

理实一体教室：具备投影仪一个、白板一个、教师机一台、学生用电脑（配置 SQL Server 2008、Office2017、常用工具等）。

2. 课程资源的开发与利用

（1）教材的选用或编写建议

陈艳平，《SQL Server 数据库技术及应用（第 2 版）》，北京理工大学出版社，2017。

（2）推荐的教学参考资料

库波、郭俐，《数据库技术及应用——SQL Server》，北京理工大学出版社，2013。

李新德，《SQL Server 2008 数据库应用与开发》，北京理工大学出版社，2017。

（3）教学软件

SQL Server 2008，极域电子教室。

3. 课程考核与评价

（1）评价考核方式

本课程的评价采用形成性评价与终结性评价相结合的形式。形成性评价包括课堂项目（占 20%）和平时成绩（占 10%）；终结性评价包括期末考试（占 30%）与实训项目（占 40%）。

（2）评价考核标准

序号	项目/模块名称	单元教学内容	理论考试			技能考核		
			权重	内容	考试形式	权重	内容	考核方式
1	数据库基础知识	1. SQL Server 2008 简介 2. 创建和管理数据库 3. 创建和管理数据表	4%	数据库和数据表的创建及管理	笔试或在线考试	4%	数据库的创建，表的创建	作业提交及代码评审
2	数据库表的管理	1. 数据类型 2. 数据完整性 3. 表的管理	8%	数据的完整性，表的管理	笔试或在线考试	8%	表的管理	作业提交及代码评审
3	数据的管理	1. 添加数据 2. 删除数据 3. 修改数据 4. 数据库的分离与附加	12%	数据的添加、删除、修改	笔试或在线考试	12%	数据的添加、删除、修改	作业提交及代码评审

续表

序号	项目/模块名称	单元教学内容	理论考试			技能考核		
			权重	内容	考试形式	权重	内容	考核方式
4	数据的查询	1. 简单查询及内置函数 2. 模糊查询及聚合函数 3. 分组查询 4. 表的连接及UNION运算	12%	数据的各种查询	笔试或在线考试	12%	数据的各种查询	作业提交及代码评审
5	数据库设计	1. 数据库设计步骤 2. E－R图 3. 数据规范化	8%	数据库的设计	笔试或在线考试	8%	数据库的设计	作业提交及代码评审
6	T－SQL编程	1. 变量的作用域 2. 常用的运算符 3. 批处理 4. T－SQL流程控制语句	12%	变量、运算符、批处理命令、流程控制语句	笔试或在线考试	12%	批处理命令、流程控制语句	作业提交及代码评审
7	SQL高级子查询	1. 简单子查询的使用 2. IN、ALL、ANY 3. EXISTS 4. 相关子查询 5. 子查询与多表连接查询	12%	各种子查询及多表连接查询	笔试或在线考试	12%	各种子查询及多表连接查询	作业提交及代码评审
8	事务、索引、视图	1. 事务的概念和使用 2. 索引的概念和创建 3. 视图的创建和使用 4. 同义词的概念和创建	10%	事务、索引、视图、同义词的概念和使用	笔试或在线考试	10%	事务处理、索引、同义词的创建，视图的运用	作业提交及代码评审

序号	项目/模块名称	单元教学内容	理论考试			技能考核		
			权重	内容	考试形式	权重	内容	考核方式
9	函数与存储过程	1. 标量函数、表值函数 2. 系统存储过程 3. 用户定义存储过程及执行	12%	函数、存储过程	笔试或在线考试	12%	函数、存储过程	作业提交及代码评审
10	触发器与游标	1. after 触发器 2. instead of 触发器 3. 游标的创建和使用	10%	各种触发器，游标的创建和使用	笔试或在线考试	10%	各种触发器，游标的创建和使用	作业提交及代码评审

C 语言程序设计课程标准

一、课程基本信息

课程名称	C 语言程序设计	课　　时	96
适用专业	计算机类和电子信息类相关专业	先修课程	计算机应用技术
课程代码		后续课程	Java、C#
编 制 人	付兴宏、李中跃、杨中兴、许悦、罗雨滋、李笑岩、孙婷、马诗朦、王英辉、韩飞	制定日期	2017.8

二、课程概述

1. 课程性质

本课程是一门专业必修课，是学习其他工科课程的基础。掌握程序设计的前提是掌握程序设计语言，C 语言以其灵活性和实用性受到了广大计算机应用人员的喜爱。一旦掌握了 C 语言，就可以较为轻松地学习后续的 Java 程序设计、数据库技术等程序设计语言。本课程旨在使学生掌握程序设计的基本方法及思维，形成程序设计基本思想，掌握程序调试的基本方法，初步具备程序设计能力。本课程是校企合作开发的基于工作过程的课程，是省级精品课。

2. 课程作用

通过本课程的学习，学生应能够完成程序设计岗位上的基本编程任务，具有结合程序设计思想分析问题、解决问题的能力，养成良好的计算机程序设计从业人员的职业道德，为学生进一步学习其他专业课程和今后从事程序开发工作打下坚实的基础。

3. 课程设计思路

（1）课程设计理念

①以程序设计为主，以语言介绍为辅，强调学生程序设计思想和编程能力的

培养，围绕实际应用项目讲解知识内容，让学生在提高能力的同时了解和掌握 C 语言的基本语法规范。

②从提高兴趣出发，变应试为应用，选取贴近学生生活或为学生所熟悉的教学实例，让学生在学习程序设计的过程中，不再感到枯燥乏味。

③打破传统"理论 + 实验"的教学方式，实施项目教学"教、学、做"合一的模式。

④以项目教学为中心组织课程内容，突出对学生职业能力的训练。

（2）课程设计思路

①本课程的学习包括理论课、实践课和学生课外科研等形式。理论课的安排，以程序设计方法为主线，由浅入深，先讲授程序设计的基本结构，再从数组、函数、指针、结构和文件等方面讲授程序设计的方法，突出基本概念和基本技能，强调分析问题、解决问题的思路和方法。实践课的实习题目设计紧密结合所学理论知识，引导学生自行完成任务，培养学生独立分析问题、解决问题的能力。

②理论与实践相结合，重点培养学生的职业能力。本课程的总学时为 96 学时，其中理论课程为 56 学时，实践课程为 40 学时。

③采用"课堂教学实践 + 拓展实训"的线上线下组合式教学模式，利用传统课堂和现代网络的互补特点，开展双渠道教学，弥补课堂教学实践时间不足的缺点，利用线上课程和线上考核等手段全面考核监督学生的学习过程，提高教学质量。

三、课程目标

通过一个完整的"学生成绩管理系统"教学项目的实现过程的讲解，学生了解程序设计语言的作用，知道计算机程序语言的执行过程，理解 C 语言的基本语法和编程思路的建立过程。本课程旨在培养高职高专学生的计算机编程基本思想、编程基本技能及逻辑思维能力，使他们掌握运用 C 语言编程来解决岗位工作中实际问题的方法和步骤，为提高其职业能力和拓展职业空间打下坚实基础。

1. 知识目标

（1）理解 C 语言的基本框架。

（2）理解并掌握 C 语言的基本数据类型及其应用。

（3）理解并掌握顺序结构、分支结构、循环结构及其应用。

（4）理解并掌握数组及函数的使用方法。

（5）理解指针的实质，掌握指针的使用方法。

（6）理解结构体的构建方法，掌握结构体的编程使用方法。

（7）知道文件作用的内容组成，理解文件的实质，掌握文件的使用方法。

2. 能力目标

（1）能够根据编程需要，形成程序设计思路。

（2）具有编写一般程序的能力。

（3）具有阅读分析程序的能力。

（4）具有调试程序的能力。

（5）具有编写较为简单的管理系统的能力。

3. 素质目标

（1）培养学生提出问题、分析问题并解决问题的能力。

（2）培养学生独立思考的能力。

（3）培养学生获取新知识、新技能、新方法的能力。

（4）培养学生具有良好的职业道德和身心素质以及创新能力。

（5）培养学生在工作中与他人的合作、交流与协商能力。

（6）培养学生的语言、社交和沟通能力。

（7）培养学生良好的自主学习能力。

（8）培养学生良好的适应社会的能力。

（9）培养学生具有心理自我调控和自我管理能力。

四、课程内容设计

序号	项目/模块名称	任务/单元编号、名称	教学目标	教学方法、手段	学时
1	编程环境使用	1-1 熟悉 VC++ 编程环境	1. 能使用 VC++6.0 开发 C 语言程序 2. 掌握 C 语言的程序框架 3. 培养学生的思维和创造能力	讲授法、讨论法；多媒体、广播	2
	系统界面设计	1-2 学生成绩系统用户界面实现	1. 掌握 C 语言程序的组成 2. 掌握 C 语言程序的输出 3. 能够编写最简单的输出程序 4. 培养学生具有丰富的想象力和构建力 5. 培养学生具有强烈的好奇心和求知欲 6. 培养学生的表达能力	讲授法、案例法、讨论法；多媒体、广播	2

续表

序号	项目/模块名称	任务/单元编号、名称	教学目标	教学方法、手段	学时
2	系统数据处理	学生成绩管理系统中各类数据的输入、计算和输出	1. 掌握 C 语言的数据类型、运算符与表达式 2. 掌握数据的输入与输出 3. 掌握各类数据的基本处理方法 4. 能够编写最简单的顺序结构程序 5. 培养学生的思维和创造能力 6. 培养学生具有丰富的想象力和构建力 7. 培养学生具有强烈的好奇心和求知欲 8. 培养学生的自主学习能力 9. 培养学生良好的决策能力 10. 培养学生的表达能力	讲授法、案例法、启发教学法、任务驱动法、讨论法；多媒体、广播	6
3	系统菜单选项处理	学生成绩系统中菜单选项的处理	1. 掌握关系和逻辑运算符以及表达式、if 语句、switch 语句 2. 掌握 while 语句、do – while 语句、for 语句、break 语句的使用方法 3. 掌握分支语句的语法结构，能够编写简单的分支结构程序 4. 掌握循环结构的应用场合、循环结构的设计、循环语句的用法，能够设计简单的循环结构程序 5. 培养学生的思维和创造能力 6. 培养学生具有丰富的想象力和构建力 7. 培养学生具有强烈的好奇心和求知欲 8. 培养学生的自主学习能力 9. 培养学生良好的决策能力 10. 培养学生的表达能力	讲授法、案例法、启发教学法、任务驱动法、讨论法；多媒体、广播	10

序号	项目/模块名称	任务/单元编号、名称	教学目标	教学方法、手段	学时
4	排序和查找功能的实现	学生成绩系统中数组的应用	1. 掌握数组的概念和使用方法 2. 掌握一维数组、二维数组和字符数组 3. 掌握数组的常用操作 4. 掌握处理大批量同类型数据的方法 5. 能够用数组编写简单程序 6. 培养学生的思维和创造能力 7. 培养学生具有丰富的想象力和构建力 8. 培养学生具有强烈的好奇心和求知欲 9. 培养学生的自主学习能力 10. 培养学生良好的决策能力 11. 培养学生的表达能力	讲授法、案例法、启发教学法、任务驱动法、讨论法；多媒体、广播	12
5	系统模块的实现	函数在学生成绩系统中的应用	1. 掌握函数的定义 2. 掌握函数调用 3. 掌握函数的声明 4. 掌握函数间参数的传递方法 5. 掌握文件包含处理 6. 掌握宏处理 7. 掌握模块化程序设计的思想 8. 培养学生的思维和创造能力 9. 培养学生具有丰富的想象力和构建力 10. 培养学生具有强烈的好奇心和求知欲 11. 培养学生的自主学习能力 12. 培养学生良好的决策能力 13. 培养学生的表达能力	讲授法、案例法、启发教学法、任务驱动法、讨论法；多媒体、广播	12

续表

序号	项目/模块名称	任务/单元编号、名称	教学目标	教学方法、手段	学时
6	指针应用	指针在学生成绩系统中的应用	1. 掌握指针的概念及基本操作 2. 掌握指针在数组和函数中的应用 3. 能用指针编写相关程序 4. 培养学生的思维和创造能力 5. 培养学生具有丰富的想象力和构建力 6. 培养学生具有强烈的好奇心和求知欲 7. 培养学生的自主学习能力 8. 培养学生良好的决策能力 9. 培养学生的表达能力	讲授法、案例法、启发教学法、任务驱动法、讨论法；多媒体、广播	12
7	结构体应用	学生成绩系统中数据的完整表示	1. 掌握构造类型、结构体类型及其应用 2. 具备灵活应用结构体变量、结构体数组、结构体指针及链表编写程序的能力 3. 培养学生的思维和创造能力 4. 培养学生具有丰富的想象力和构建力 5. 培养学生具有强烈的好奇心和求知欲 6. 培养学生的自主学习能力 7. 培养学生良好的决策能力 8. 培养学生的表达能力	讲授法、案例法、启发教学法、任务驱动法、讨论法；多媒体、广播	12

序号	项目/模块名称	任务/单元编号、名称	教学目标	教学方法、手段	学时
8	文件应用	文件在学生成绩管理系统中的应用	1. 掌握文件的基本概念 2. 掌握文件的读写操作 3. 能领会文件的用途 4. 能利用文件编写简单程序 5. 培养学生的思维、创造和能力素质 6. 培养学生具有丰富的想象力和构建力 7. 培养学生具有强烈的好奇心和求知欲 8. 培养学生的自主学习能力 9. 培养学生良好的决策能力 10. 培养学生的表达能力	讲授法、案例法、启发教学法、任务驱动法、讨论法；多媒体、广播	8
9	学生成绩管理系统的实现	学生成绩管理系统的实现	1. 能理解系统设计基本方法 2. 能将C语言的知识灵活地综合应用 3. 培养学生的思维和创造能力 4. 培养学生具有丰富的想象力和构建力 5. 培养学生具有强烈的好奇心和求知欲 6. 培养学生的自主学习能力 7. 培养学生良好的决策能力 8. 培养学生的表达能力	讲授法、案例法、启发教学法、任务驱动法、项目教学法、讨论法；多媒体、广播	20

五、课程实施保障

1. 教学条件

项目/模块名称	仪器设备名称	功能要求
编程环境使用	计算机、投影仪、广播系统	能让学生完成自主学习和程序调试；帮助教师展示项目、监控学生学习状态；实现师生互动
系统界面设计	计算机、投影仪、广播系统	能让学生完成自主学习和程序调试；帮助教师展示项目、监控学生学习状态；实现师生互动
系统数据处理	计算机、投影仪、广播系统	能让学生完成自主学习和程序调试；帮助教师展示项目、监控学生学习状态；实现师生互动

续表

项目/模块名称	仪器设备名称	功能要求
系统菜单选项处理	计算机、投影仪、广播系统	能让学生完成自主学习和程序调试；帮助教师展示项目、监控学生学习状态；实现师生互动
排序和查找功能的实现	计算机、投影仪、广播系统	能让学生完成自主学习和程序调试；帮助教师展示项目、监控学生学习状态；实现师生互动
系统模块的实现	计算机、投影仪、广播系统	能让学生完成自主学习和程序调试；帮助教师展示项目、监控学生学习状态；实现师生互动
指针应用	计算机、投影仪、广播系统	能让学生完成自主学习和程序调试；帮助教师展示项目、监控学生学习状态；实现师生互动
结构体应用	计算机、投影仪、广播系统	能让学生完成自主学习和程序调试；帮助教师展示项目、监控学生学习状态；实现师生互动
文件应用	计算机、投影仪、广播系统	能让学生完成自主学习和程序调试；帮助教师展示项目、监控学生学习状态；实现师生互动
学生成绩管理系统的实现	计算机、投影仪、广播系统	能让学生完成自主学习和程序调试；帮助教师展示项目、监控学生学习状态；实现师生互动

2. 课程资源的开发与利用

（1）教材的选用或编写建议

谭浩强，《C 程序设计（第 4 版）》，清华大学出版社，2010。

（2）推荐的教学参考资料

①谭浩强，《C 程序设计学习辅导（第 4 版）》，清华大学出版社，2010。

②宗大华、陈吉人，《C 语言程序设计教程》，人民邮电出版社，2008。

③李铮、王德俊，《C 语言程序设计基础与应用（第 2 版）》，清华大学出版社，2009。

（3）教学软件

VC＋＋6.0 或 DEV C＋＋。

（4）主要参考网站

①C 语言网：http：//www.dotcpp.com。

②C 语言中文网：http：//c.biancheng.net。

③编程中国：http：//www.bccn.net。

3. 课程考核与评价

（1）评价考核方式

本课程采用平时实训＋最终项目验收＋项目答辩的方式进行考核。

（2）评价考核标准

考核项目	评价标准	分值
平时实训	完成实训内容	20
	日常出勤	10
	课程交流情况	10
最终项目验收	项目完成情况	20
	合作情况	10
	设计报告	10
项目答辩	项目设计说明	10
	知识点应答	5
	项目表述	5

网站构建技术课程标准

一、课程基本信息

课程名称	网站构建技术	课　　时	60
适用专业	计算机类专业	先修课程	计算机应用基础与导论、计算机网络、C语言程序设计
课程代码		后续课程	网站项目开发、网络安全
编制人	金红旭、王丹、崔凯、刘士贤、卢晓丽、王茹、周珩、姜胜海、袁璐璐、刘梅	制定日期	2017.10

二、课程概述

1. 课程性质

本课程是软件技术、计算机网络技术、计算机应用专业的专业核心课程，是计算机类专业必修课（或选修课），是校企合作开发的基于工作过程的课程，是省级精品课程。

2. 课程作用

根据网站相关工作岗位分析，确定本课程面向的职业岗位是网页设计师、网站程序员，因此本课程教学以学生实际的专业应用能力和操作能力的培养为中心，通过课程教学和训练，培养学生具备网页设计师、网站程序员等职业岗位的职业素养和职业能力，成为有一定技术水平和艺术修养的复合型专门人才。

本课程结合当前最流行的网页设计工具（如 Dreamweaver）和相关工具（如 Flash、Photoshop 等），以一个典型的真实网站开发为教学载体，讲授 Web 前端开发的相关技术（DIV + CSS、JavaScript、Flash、Photoshop），将实际工作中的网站开发流程和方法传授给学生，使学生通过该课程的学习，掌握网站开发的基本知识，了解网站开发的发展方向和最新的网站构建技术，最终能完成各类网站及 Web 应用系统的开发。

3. 课程设计思路

结合一线教师和网站工程技术人员多年的网站开发、课程建设和工程实践经验，本课程创新了一套可操作的、能充分体现以学生学习为主、教师教学为辅的"教、学、做"一体化的教学模式和"任务驱动"的教学方案设计，体现了以"就业为导向"的职业院校办学宗旨。

本课程以实际网站前端开发项目贯穿始终，以基于工作过程的项目开发教学模块，构成了系统的课程教学内容体系，所有教学内容符合网页设计师岗位需求。重点学习在 Dreamweaver 软件中运用 XHTML、CSS 及 JavaScript 程序代码来制作符合 Web 标准的网页。技术原理与配套工具相配合，先讲清原理，再实际操作；强调综合掌握相关技术，综合使用相应软件和工具，并设计制作出高质量的网站。

三、课程目标

1. 知识目标

（1）了解 Web 站点的工作原理。

（2）理解网页与网站的概念。

（3）知道动态网页和静态网页的区别。

（4）理解服务器、客户端、浏览器的概念和作用。

（5）掌握 IE 和 FireFox 浏览器及常用插件使用和校验网页。

（6）掌握 Web 服务器的安装及配置。

（7）了解本地站点的创建及测试过程。

（8）了解色彩的基本知识及网页的配色方案。

（9）了解网站的命名规范及目录规范、链接结构规范、尺寸规范、首页 HEAD 区规范。

（10）知道绝对路径与相对路径。

（11）理解站内链接、外部链接、下载链接、锚记链接、E – mail 链接。

（12）掌握 HTML 语言中的各种文本、段落、图像、表格、列表、表单、框架、多媒体等标记的使用。

（13）了解表格和 DIV + CSS 网页布局技术特点及区别。

（14）了解 AP DIV 与 DIV 的区别和联系。

（15）了解 Web 标准的组成。

（16）掌握库和模板、可编辑区的概念、创建与使用。

（17）掌握表单的作用、表单和表单控件的创建及使用、表单代码规范。

（18）掌握 CSS 的基本语法。

（19）掌握 CSS 选择器的类别。

（20）掌握 CSS 样式的优先级。

（21）掌握 CSS 样式的使用方法。

（22）了解文本、段落、图像、列表、链接等 CSS 样式属性。

（23）了解 CSS 盒子模型。

（24）掌握 DIV + CSS 网页布局原理。

（25）掌握 CSS 盒子的浮动、定位。

（26）掌握常见 T 型和国字型结构布局。

（27）掌握 CSS 导航条（横向、纵向）。

（28）掌握利用列表制作下拉菜单。

（29）了解 JavaScript 脚本语言的特点。

（30）了解 JavaScript 中事件的概念与作用。

（31）掌握 JavaScript 脚本语言的使用方法。

（32）掌握利用 JavaScript 脚本语言获取系统日期和时间。

（33）掌握利用 JavaScript 脚本语言设置状态栏、标题栏。

（34）掌握利用 JavaScript 脚本语言实现不同页面间自动跳转。

（35）了解利用 JavaScript 脚本语言实现表单数据检测、二级联动效果等。

（36）知道怎样解决各浏览器之间的兼容问题。

（37）知道 B/S、C/S 架构模式特点及区别。

（38）掌握利用 Photoshop 软件实现抠图及文字处理。

（39）掌握利用 Photoshop 软件实现图片合成。

（40）掌握利用 Photoshop 软件制作图片按钮、水晶按钮、GIF 动画、网格图片、网站 LOGO、网站头部、网站 Banner。

（41）掌握利用 Flash 软件制作网站 Banner、网站形象引导动画、网站 Flash 导航条。

（42）掌握利用 Flash 软件制作交互式动画、逐帧动画、形状补间动画、运动补间动画、遮罩动画、文字动画、引导动画、路径动画。

2. 能力目标

（1）能够进行网站需求分析，了解网站业务背景。

（2）能根据网站业务背景的不同，确定网站功能。

（3）能根据网站内容进行页面规划与结构布局。

（4）能收集、整理、处理信息，能对网站所需素材进行加工处理。

（5）能熟练运用 Dreamweaver 网页编辑软件、Photoshop 图像处理软件、Flash 动画制作软件，完成网站美工设计。

（6）熟练掌握 HTML 语言在网页制作中的应用，能够通过规范的 HTML 标签来设计网页。

（7）掌握在网页中添加 CSS、嵌入图像、声音、多媒体信息的方法。

（8）熟练掌握表格的使用方法，学会利用表格设计布局网页；熟练掌握 DIV + CSS 布局；掌握框架制作网页的方法，会使用框架设计网页；掌握制作表单的方法，能利用表单建立交互式页面。

（9）熟练掌握 JavaScript 语言的语法及在 HTML 语言代码中嵌入 JavaScript 代码的方法，能看懂 JavaScript 特效网页源代码，能够按网页设计技术要求修改和调试 JavaScript 代码，能够使用 JavaScript 语言实现网页特效。

（12）熟练掌握 Web 服务器的安装与配置。

（13）能够解决各浏览器之间的兼容问题。

（14）熟悉网站项目规划方案的制作流程。

（15）熟悉网站前、后台系统架构及管理维护。

（16）能够独立开发基于 B/S 模式的 Web 应用系统。

（17）具有报告形成能力。

3. 素质目标

（1）具有勤奋学习的态度，严谨、求实、创新的工作作风。

（2）具有良好的心理素质和职业道德素养。

（3）具有高度责任心和良好的团队合作精神。

（4）具有科学的思维方式和一定的唯物辩证法思想。

（5）具有较强的网页设计创意思维、艺术设计素质。

（6）具有较强的网络编程思路与分析能力。

（7）具有良好的代码编写习惯及网站开发的规范意识。

（8）具有时间管理能力及沟通表达能力。

（9）具有团队的管理能力，包括制定目标、分配任务和规范管理。

（10）具有自我学习能力及分析问题、解决问题的能力。

（11）具有良好的实际应变能力。

（12）具有一定的服务意识、文明法制意识。

四、课程内容设计

序号	项目/模块名称	任务/单元编号、名称	教学目标	教学方法、手段	学时
1	网站开发平台建设与管理	1-1 Web 服务器的安装与配置 1-2 本地站点的规划、创建与测试	1. 理解并掌握 Web 服务器在网站开发过程中的作用，熟练掌握 Web 服务器 IIS 的安装与具体配置 2. 结合 Dreamweaver CS4 完成站点的规划、创建与测试访问	讲解；操作演示	4

续表

序号	项目/模块名称	任务/单元编号、名称	教学目标	教学方法、手段	学时
2	网站视觉设计	2-1 网站主题风格设计 2-2 网站动态效果设计	1. 熟悉网站视觉设计的思想及主要内容，掌握色彩的基本知识、平面构成、版式及创意等相关内容 2. 能结合网站的主题，熟练应用 Photoshop 进行网页元素（图片、文字、动画、按钮等）的设计和应用 3. 熟悉网站开发中动态效果的特点及制作技术 4. 结合网站主题，熟练应用网页导航、网页幻灯片、滚动图片和字幕、网络广告、文字动画、Banner 等动态效果	讲解；操作演示	12
3	网站首页面的设计与制作	3-1 网站栏目与目录的规划 3-2 页面的布局设计与制作 3-3 首页面的内容设计与制作	1. 结合网站需求分析和主题定位，按照网站开发规范，进行网站的栏目、目录、链接结构设计 2. 理解并掌握 W3C 标准的内涵，并能遵循 W3C 标准及规范进行网站建设 3. 熟练掌握 XHTML 代码及书写规范、CSS 基本语法和各项应用 4. 理解网站布局的方法及主要区别，熟悉网站常见布局形式，能依据网站信息结构进行 DIV + CSS 布局，完成页面的布局设计与制作 5. 完成页面内容的添加并使用 CSS 样式美化页面，对网页文字、图片、列表、段落、链接等网页元素进行规范设计	讲解；操作演示	24
4	网站二级页面的设计与制作	二级页面的制作	能将首页面设计成模板，并基于模板规范化批量完成二级页面的设计与制作	讲解；操作演示	8
5	表单的设计与制作	5-1 表单的设计与制作 5-2 表单的动态效果制作	1. 完成网站用户登录与注册表单、留言表单等交互表单的设计与制作，利用 CSS 样式美化表单 2. 利用 JavaScript/Ajax 完成动态信息提示	讲解；操作演示	12

五、课程实施保障

1. 教学条件

项目/模块名称	仪器设备名称	功能要求
网站开发平台建设与管理	计算机和多媒体设备	教师计算机连接多媒体大屏幕进行操作演示，学生计算机由极域（局域网内教学软件）监督控制（局域网）
网站视觉设计	计算机和多媒体设备	教师计算机连接多媒体大屏幕进行操作演示，学生计算机由极域（局域网内教学软件）监督控制（局域网）
网站首页面的设计与制作	计算机和多媒体设备	教师计算机连接多媒体大屏幕进行操作演示，学生计算机由极域（局域网内教学软件）监督控制（局域网）
网站二级页面的设计与制作	计算机和多媒体设备	教师计算机连接多媒体大屏幕进行操作演示，学生计算机由极域（局域网内教学软件）监督控制（局域网）
表单的设计与制作	计算机和多媒体设备	教师计算机连接多媒体大屏幕进行操作演示，学生计算机由极域（局域网内教学软件）监督控制（局域网）

校内实验实训基地条件：

①实训室授课，理实一体化。以典型企业网站项目开发为课程的教学载体，以网站开发典型工作任务流程为驱动贯穿整个教学环节，以适应企业信息化建设能力为本位，以网站架构师职业标准为依据，设计、组织教学活动。

②建立相关的课程网站，可为学生提供教学案例和实践素材，方便学生能够在上网的地方随时随地地学习。

校外实训基地及条件要求：工学结合，与网站设计公司建立校外实践基地。

2. 课程资源的开发与利用

（1）教材的选用或编写建议

金红旭、王丹，《网站构建技术》，北京理工大学出版社，2017。

（2）推荐的教学参考资料

①温谦，《CSS 网页设计标准教程》，人民邮电出版社，2009。

②旭日东升，《网页设计与配色经典案例解析》，电子工业出版社，2009。

（3）教学软件

①极域（视听教学系统）软件。

②系统环境：Windows7、Office2010。

③工具软件：PS CS5、DW CS5、IE7、Firefox。

（4）主要参考网站

①蓝色理想：http：//bbs. blueidea. com。

②我爱 CSS：http：//www. 52css. com。

③素材天下：http：//www. sucaitianxia. com。

④标准之路：http：//www. aa25. cn。

3. 课程考核与评价

（1）评价考核方式

根据课程的特点，本课程采用"全方位、多角度、综合性"的评价考核模式，主要采用过程性考核方式。在课程总成绩评定中，平时考核占 20%，上机考核占 40%，期末笔试占 40%。

①平时考核（占 20%）：主要考核学生学习本课程的学习态度及学习主动性和积极性及创新性，考核项目为课堂出席情况、课堂主动发言及回答情况、课堂作业完成情况、课堂笔记检查情况等。

②上机考核（占 40%）：主要考核网站视觉设计能力、网站页面制作能力及动态脚本语言 JavaScript 的运用能力。

③期末笔试（占 40%）：主要考核网站建设中的基础理论、基本原理及关键技术应用情况。

（2）评价考核标准

序号	任务/单元 编号、名称	知识结构评价	职业能力教学目标评价	评价方法	得分
1	1-1　Web 服务器的安装与配置	安装网站所用服务器	理解并掌握 Web 服务器在网站开发过程中的作用，并能熟练掌握 Web 服务器 IIS 的安装与具体配置	目标评价	
	1-2　本地站点的规划、创建与测试	建立网站站点	结合 Dreamweaver CS4 完成站点的规划、创建与测试访问	目标评价	

序号	任务/单元 编号、名称	知识结构评价	职业能力教学目标评价	评价方法	得分
2	2-1　网站主题风格设计	突出网站主题，强调网站主页各元素组成	熟悉网站视觉设计的思想及主要内容，掌握色彩的基本知识、平面构成、版式及创意等相关内容；能结合网站的主题，熟练应用 Photoshop 进行网页元素（图片、文字、动画、按钮等）的设计和应用	过程评价；目标评价	
	2-2　网站动态效果设计	网站动态效果的应用	熟悉网站开发中动态效果的特点及制作技术，结合网站主题，熟练应用网页导航、网页幻灯片、滚动图片和字幕、网络广告、文字动画、Banner 等动态效果	过程评价；目标评价	
3	3-1　网站栏目与目录的规划	按需求和规范来规划网站中各级组成	结合网站需求分析和主题定位，按照网站开发规范，进行网站的栏目、目录、链接结构设计	过程评价；目标评价	
	3-2　页面的布局设计与制作	规范页面布局	理解并掌握 W3C 标准的内涵，并能遵循 W3C 标准及规范进行网站建设；熟练掌握 XHTML 代码及书写规范、CSS 基本语法和各项应用；理解网站布局的方法及主要区别，熟悉网站常见布局形式，能依据网站信息结构进行 DIV + CSS 布局，完成页面的布局设计与制作	过程评价；目标评价	
	3-3　首页面的内容设计与制作	首页规范设计	完成页面内容的添加并使用 CSS 样式美化页面，对网页文字、图片、列表、段落、链接等网页元素进行规范设计	过程评价；目标评价	
4	二级页面的制作	生成模板，并应用到二级页面	能将首页面设计成模板，并基于模板规范化批量完成二级页面的设计与制作	过程评价；目标评价	

续表

序号	任务/单元 编号、名称	知识结构评价	职业能力教学目标评价	评价方法	得分
5	5-1　表单的设计 与制作	应用表单	完成网站用户登录与注册表单、留言表单等交互表单的设计与制作，利用 CSS 样式美化表单	过程评价； 目标评价	
	5-2　表单的动态 效果制作	表单动态处理	利用 JavaScript/Ajax 完成动态信息提示	过程评价； 目标评价； 一体化评价	

网页设计与制作课程标准

一、课程基本信息

课程名称	网页设计与制作	课　　时	64
适用专业	信息类相关专业	先修课程	信息技术基础、图像处理技术
课程代码		后续课程	PHP 动态网页技术
编 制 人	郑志刚、马蓉平、刘仁、黄爽、王忆、刘福涛、刘颖、冯增卓、姜庆玲、杜悦	制定日期	2017.9

二、课程概述

1. 课程性质

本课程是计算机学科必修的一门专业技术基础技能课程，是网络技术专业基础课程之一。其前序课程有信息技术基础、图像处理技术，后续课程有 PHP 动态网页技术、Java 程序设计基础等，主要任务是理解网页设计相关的理论知识，掌握利用 HTML5 制作网页的方法。HTML5 是 Web 技术开发最新的网页设计标准，因此课程重在介绍 HTML5 相关理论和设计的方法。

2. 课程作用

通过本课程的学习，学生能掌握多种类型网站的设计技巧与注意事项，能比较熟练地规划个人网站、企业网站、门户网站、娱乐网站、游戏网站、教学网站等各种不同主题的不同风格效果，从而促进学生创新意识和综合职业能力的形成。

3. 课程设计思路

本课程立足于培养学生的动手实践能力，教学活动基本上围绕着职业导向进行，对课程内容的选择标准进行创造性的根本改革，打破以书本知识传授为主要特征的传统学科课程模式，转变为"理论与实践""线上线下"相结合的教学模式，以真实项目为导向组织课程内容和实施课程教学，让学生在完成具体项目的过程中发展职业能力并掌握相关理论知识，真正做到学以致用，从而发展职业能力。

三、课程目标

1. 知识目标

（1）掌握 HTML5 基础知识及最新技术。

（2）掌握常见 HTML5 跨平台开发工具。

（3）掌握 CSS3 应用技术。

（4）掌握网页多媒体高级实用技术。

2. 能力目标

（1）具有分析问题、解决问题的能力。

（2）具有建立实验假设、探索查阅知识的能力。

（3）能够运用系统性思维分析和解决问题。

（4）具有学习的热情和兴趣，能进行自主学习和自我评价，具有良好的变通能力、一定的创造性思维和批判性思维。

（5）具备扎实的 HTML5 与 CSS3 开发基础。

（6）能够独立进行整体操作规划及规范编写。

（7）能负责地完成任务，具有严格的时间观念以及时间管理意识，能了解本专业职业成长过程，并能做好个人的职业规划。

（8）遵纪守法，爱岗敬业，具有良好的职业道德和职业形象。

3. 素质目标

（1）具有较强的专业学习、执行和创新能力。

（2）具有自觉的规范意识、团队协作意识和协作能力。

（3）能运用各种交流手段进行良好的表达和交流。

（4）具有使用英语进行阅读和交流的能力。

（5）具有较强的环境适应、人际交往和组织管理能力。

四、课程内容设计

序号	项目/模块名称	任务/单元编号、名称	教学目标	教学方法、手段	学时
1	HTML5 概述	1－1　HTML5 基础 1－2　HTML5 基本结构 1－3　使用记事本手工编写 HTML5 文件 1－4　使用 Dreamweaver CS6 编写 HTML5 文件	1. 理解 HTML5 的基本概念 2. 了解 HTML5 的发展历程 3. 掌握 HTML5 文件的基本结构及编写方法 4. 了解 HTML5 的几种开发工具 5. 掌握代码书写规范	这部分内容主要对 HTML5 的知识进行系统分析、讲授，理论性强，以教师讲授为主；在 HTML5 的文件编写中采用分组讨论、案例教学，学生可根据教师提供的案例进行分组讨论和上机展示	8
2	HTML5 网页文档结构	2－1　文本控制标记 2－2　结构元素	1. 了解 Web 标准及其内容 2. 掌握 HTML 中的基本标记 3. 掌握符合 W3C 标准的 HTML5 网页	这部分理论性较强，是比较抽象的部分，教师以案例教学法进行详细讲解，然后给出案例（符合 W3C 标准的 HTML5 网页），学生上机实现并展示，教师再进行点评总结。	8
3	HTML5 网页中的元素和属性	3－1　列表元素 3－2　图像标记 3－3　交互元素 3－4　文本层次元素 3－5　全局属性	1. 了解 HTML5 网页中的网页元素 2. 掌握在 HTML5 网页中文本和图像的插入方法 3. 掌握列表的创建方法及作用 4. 了解网页中支持的图片格式 5. 掌握路径的定义及使用	这部分内容实践性很强，教授学生安装 Dreamweaver CS6 软件，教学过程采用"教、学、做"一体化方式，以教师为主导，带领学生边学边做。实践环节让学生进行知识强化，灵活掌握	8

续表

序号	项目/模块名称	任务/单元编号、名称	教学目标	教学方法、手段	学时
4	HTML5 网页中的超级链接	4－1 超链接标记 4－2 热点标记	1. 能用 HTML5 创建超链接 2. 掌握 URL 的概念 3. 掌握设置文本和图片超链接的方法 4. 掌握超链接的分类 5. 理解热点的定义 6. 掌握创建热点的方法	这部分内容实践性很强，学生需用大量的课时练习掌握超链接的创建方法。先由教师进行演示，然后在教师指导下学生完成实验任务并进行总结	8
5	HTML5 浮动与定位	5－1 overflow 属性 5－2 元素的定位 5－3 ＜span＞标签	1. 了解 float、overflow 的作用 2. 掌握元素定位操作 3. 掌握元素的类型与转换	这部分内容实践性很强，教师必须以案例教学法进行详细讲解并带领学生上机操作，学生按照任务上机练习并进行总结	8
6	HTML5 网页中的表单	6－1 Input 元素 6－2 其他表单元素	1. 了解表单的作用 2. 掌握表单中主要表单元素的定义及使用 3. 掌握表单高级元素的使用 4. 掌握创建表单实例的方法	这部分内容理论上难理解，并且实践性很强，教师必须带领学生上机操作并给出实验案例，学生按照任务进行上机练习并进行总结	8
7	CSS3 概述	7－1 CSS3 核心基础 7－2 文件样式属性 7－3 层叠与继承	1. 了解 CSS3 的定义、功能和发展历史 2. 掌握 CSS3 的语法 3. 掌握 CSS3 的使用方法	这部分内容主要对 CSS3 的知识进行系统分析、讲授，理论性强，以教师讲授为主。学生认真学习并进行总结	8

续表

序号	项目/模块名称	任务/单元编号、名称	教学目标	教学方法、手段	学时
8	CSS3 应用	8-1 CSS3 选择器 8-2 CSS3 盒子模型 8-3 CSS3 高级应用	1. 利用 CSS3 设置字体与段落属性 2. 利用 CSS3 设置表格样式 3. 利用 CSS3 设置表单样式	这部分内容实践性很强，教师必须以案例教学法进行详细讲解并带领学生上机操作，学生按照任务上机练习并进行总结	8

五、课程实施保障

1. 教学条件

项目/模块名称	仪器设备名称	功能要求
HTML5 概述	计算机	Windows7、Dreamweaver CS6、电子教室软件、IE 浏览器
HTML5 网页文档结构	计算机	Windows7、Dreamweaver CS6、电子教室软件、IE 浏览器
HTML5 网页中的元素和属性	计算机	Windows7、Dreamweaver CS6、电子教室软件、IE 浏览器
HTML5 网页中的超级链接	计算机	Windows7、Dreamweaver CS6、电子教室软件、IE 浏览器
HTML5 浮动与定位	计算机	Windows7、Dreamweaver CS6、电子教室软件、IE 浏览器
HTML5 网页中的表单	计算机	Windows7、Dreamweaver CS6、电子教室软件、IE 浏览器
CSS3 概述	计算机	Windows7、Dreamweaver CS6、电子教室软件、IE 浏览器
CSS3 应用	计算机	Windows7、Dreamweaver CS6、电子教室软件、IE 浏览器

本课程要求在理论实践一体化教室（多媒体机房）完成，以实现"教、学、做"三位合一，同时要求安装多媒体教学软件，方便下发教学任务和收集学生课堂实践任务。

2. 课程资源的开发与利用

（1）教材的选用或编写建议

本课程实践性较强，为了实现教、学、做一体化的教学目标，在教材的编写体例上首先要突出项目分阶段的实施方法和步骤，给出具体目标的有关实现细节和方法、文档格式标准。

必要的基本概念和原理分析贯穿在教师和学生共同分阶段对项目的实施过程中，内容依据数据库技术的特点及应用系统的开发步骤分阶段实施教学，学生从"实践——认识——再实践——再认识"的不断循环过程中，其技术的应用能力不断得到提升。

（2）推荐的教学参考资料

①传智播客高教产品研发部，《HTML5 + CSS3 网页设计基础教程》，人民邮电出版社，2006。

②周文洁，《HTML5 网页前端设计实战》，清华大学出版社，2017。

③龙马工作室，《HTML5 网页设计与制作实战从入门到精通》，人民邮电出版社，2014。

（3）教学软件

Windows7、Dreamweaver CS6、电子教室软件、IE 浏览器。

（4）主要参考网站

①网易云课堂：http：//study. 163. com。

②慕课网：http：//www. imooc. com。

③W3school：http：//www. w3school. com. cn。

④我要自学网：http：//www. 51zxw. net。

3. 教学方法

（1）混合式教学法

所谓混合式教学就是要把传统学习方式的优势和网络化学习的优势结合起来，也就是说，既要发挥教师引导、启发、监控教学过程的主导作用，又要充分体现学生作为学习过程主体的主动性、积极性与创造性。

（2）迭代教学法

迭代教学就是把重要的知识、思想、经验在课程中反复涉及，但每次涉及这些内容时又不是简单的重复，而是在回顾原有内容的基础上做进一步的深入和升华，既强化了记忆和理解，又拓展了新的视野，深化了理解。

（3）现场案例教学法

对知识做完理论概述后，为了加深对此知识的理解，通过现场编写代码的方式对此知识加以讲解，以加深对此知识的理解和运用。

（4）任务驱动教学法

任务驱动教学法是以任务需求来带动教学，每节课都有相应的任务和问题让学生来完成，培养学生分析问题、解决问题和思考问题的习惯。

4. 课程考核与评价

本课程对学生的评价与考核分三个部分：职业素养考核、技能考核、知识考核，遵循"2 + 5 + 3"的考核方式：

（1）职业素养考核：包括平时的出勤率、完成书面作业任务的情况、完成实做作业任务的情况等，占总评价成绩的20%。这部分内容重点考核学生的学习过程，包括其学习态度、努力程度以及表现出来的效果。

（2）教学形成性考核：包括每一部分上机检查，提交有关业务数据备份，并进行电子阅卷；提交实验报告；检查开发的应用程序及相关文档的完整性、正确性；有关实践能力的综合知识考查。这部分成绩占总评价成绩的50%。

（3）期末卷面考试：采用闭卷形式，考试内容包括对概念的理解和应用，对系统分析、设计、实施的方法和原理的掌握两部分。题型采用填空题、选择题、简答题、应用题、论述题等多种形式。期末卷面考试的成绩占总评价成绩的30%。

网络安全技术课程标准

一、课程基本信息

课程名称	网络安全技术	课　　时	88
适用专业	计算机网络技术专业、信息安全技术专业	先修课程	计算机网络基础、计算机网络技术、网络设备互联技术、网络操作系统实训、Linux 操作系统
课程代码		后续课程	专业综合实训
编制人	丛佩丽、金明日、沈洋、陈震、刘冬梅、姜源水、吴雷、魏巍	制定日期	2017.9

二、课程概述

1. 课程性质

本课程是计算机网络技术专业的专业核心课程，是计算机网络技术专业的必修课，是校企合作开发的基于工作过程的课程。课程标准依据计算机网络技术专业标准中的人才培养目标和培养规格以及对网络安全与管理技术课程教学目标要求而制定。

2. 课程作用

通过本课程的学习，学生能够完成网络工程师岗位的网络安全管理任务，同时具备网络安全意识、网络管理能力；能较系统地掌握以 Windows 和 Linux 操作系统为平台，实现主机加固和主机渗透的技能，提高计算机网络管理和应用水平，为信息安全管理打下坚实的基础。

3. 课程设计思路

本课程针对行业特点，针对企业网络存在的安全隐患进行项目设计，每个项目按照项目目的与要求、项目环境、预备知识、项目实施、项目总结的完整过程进行，再现了网络攻击与防御的场景，以 Windows 和 Linux 操作系统为平台，技术先进，教学做合一，使学生在虚拟机环境中能完成完整的网络攻击和防御训练，提高网络安全意识，增强网络安全管理技能。

四、课程目标

1. 知识目标

（1）知道系统的计算机网络的基本理论和知识，全面掌握网络安全方案设计、网络操作系统安全配置、网络管理、网络维护的相关技能。

（2）了解数据库管理、数据安全等相关知识并熟练使用。

（3）理解网络渗透和主动防御的技能。

2. 能力目标

（1）具有较强的口头与书面表达能力、人际沟通能力。

（2）能通过各种媒体资源查找所需信息。

（3）具有良好的心理素质和克服困难的能力。

（4）能与客户建立良好、持久的关系。

（5）能不断积累维修经验，从个案中寻找共性。

（6）能收集信息并运用信息解决问题。

（7）具备使用常用工具对网络故障进行排除与管理的能力。

3. 素质目标

（1）能自主学习新知识、新技术。

（2）具有团队协作精神。

（3）能独立制订工作计划并实施，具有良好的职业素质。

（4）具备良好的职业道德和社会责任感。

（5）培养学生的创新精神、创业意识。

四、课程内容设计

序号	项目/模块名称	任务/单元编号、名称	教学目标	教学方法、手段	学时
1	网络安全概述	网络时代的信息安全	1. 了解信息安全大事件 2. 掌握信息安全定义、目标、策略、技术和信息安全技术标准 3. 培养学生利用网络收集信息的能力 4. 培养学生具有安全意识和良好的安全素质	采用多媒体课件进行网络基本概念讲述，以教师讲解为主；电子课件	4

续表

序号	项目/模块名称	任务/单元编号、名称	教学目标	教学方法、手段	学时
2	Windows安全防御	2-1 开放指定端口与关闭多余服务 2-2 账号安全配置、利用syskey保护账户信息 2-3 常用命令使用 2-4 使用组策略和防火墙	1. 了解端口概念，掌握开放指定端口的方法和关闭多余服务的方法，并能够进行验证 2. 了解账号的作用和建立方法 3. 能够配置账号的安全 4. 能够熟练使用安全策略 5. 能够保护账户信息 6. 掌握网络安全中常用命令使用 7. 能够用 Windows 组策略对计算机进行安全配置 8. 能够通过过滤 ICMP 报文阻止 ICMP 攻击	项目教学法，具体采取做中学、现场操作等方式；电子课件	16
3	Linux安全防御	3-1 用户安全和密码策略、远程访问限制 3-2 Iptables防火墙高级配置	1. 能够用 Putty 工具远程连接实验主机，禁止 root 账户远程登录 2. 能够进行密码策略的设置，如增加密码强度 3. 能够用 Iptables 关闭服务端口，能够用 Iptables 根据 IP 限制主机远程访问 4. 了解防火墙 5. 能够安装 Iptables 防火墙，配置 Iptables 防火墙，并用客户端验证 Iptables 防火墙	项目教学法，具体采取做中学、现场操作等方式；电子课件	8
4	数据保密与安全	数据保密常用方法介绍和数据恢复	1. 掌握 Windows EFS 文件与目录加密 2. 能够用 Wicrosoft Private Folder 加密文件夹 3. 能够用 FinalData 恢复数据	项目教学法，具体采取做中学、现场操作等方式；电子课件	4

续表

序号	项目/模块名称	任务/单元 编号、名称	教学目标	教学方法、手段	学时
5	Linux 安全工具使用	5-1 Linux 用户安全、文件权限安全管理 5-2 密码分析工具和远程登录 5-3 NMAP 工具和审计工具使用	1. 掌握 Linux 用户和组安全管理、Linux 文件权限安全管理 2. 了解 John the Ripper，能使用 John the Ripper 破解 Linux 密码 3. 了解 OpenSSH，能安装 SSH 4. 掌握 SSH 案例应用 5. 了解 NMAP 工具，掌握 NMAP 案例应用 6. 能够使用 Linux 审计工具，知道 Linux 审计重要性，学会查看与分析日志	项目教学法，具体采取做中学、现场操作等方式；电子课件	12
6	Windows 攻击技术	6-1 信息收集与网络扫描 6-2 网络嗅探 6-3 网络欺诈 6-4 拒绝服务攻击	1. 了解网络扫描，掌握常用网络扫描工具，能通过扫描获取远程计算机相关信息 2. 了解网络嗅探、网络嗅探原理、常用网络嗅探器，能够使用嗅探攻击窃取账号和口令 3. 了解网络欺骗，掌握网络欺骗种类与原理，能进行 ARP 欺骗实战 4. 了解拒绝服务攻击，掌握拒绝服务攻击原理，能进行拒绝服务攻击实战	项目教学法，具体采取做中学、现场操作等方式；电子课件	16
7	Web 渗透	7-1 Web 渗透与 SQL 注入 7-2 XSS 攻击 7-3 实战	1. 掌握 SQL 原理、常用 SQL 注入工具、Webshell，能进行提权实战 2. 掌握 XSS 原理和 XSS 攻击方式 3. 能利用 SQL 注入漏洞获取后台管理权限 4. 能利用上传漏洞获取 webshell 5. 能进行 XSS 漏洞挖掘和利用	项目教学法，具体采取做中学、现场操作等方式；电子课件	12

续表

序号	项目/模块名称	任务/单元编号、名称	教学目标	教学方法、手段	学时
8	密码学应用	8-1 密码学概述与口令破解 8-2 实战	1. 了解密码学 2. 掌握口令破解 MD5 3. 能进行本地密码破解实战	项目教学法，具体采取做中学、现场操作等方式；电子课件	8
9	计算机病毒及防御	9-1 计算机病毒基础知识 9-2 实战	1. 了解计算机病毒、病毒发展简史、病毒的不良特征及危害、病毒的分类、手机病毒 2. 能分析计算机病毒种类，制定计算机病毒防护策略	项目教学法，具体采取做中学、现场操作等方式；电子课件	8

五、课程实施保障

1. 教学条件

项目/模块名称	仪器设备名称	功能要求
网络安全概述	计算机 40 台	能够模仿视频，能够连接互联网
Windows 安全防御	计算机 40 台、虚拟机环境	在虚拟机中安装 Windows XP、Windows 2003 等操作系统
Linux 安全防御	计算机 40 台、虚拟机环境	在虚拟机中安装 Linux 操作系统，在 Linux 系统中要准备安装系统的文件
数据保密与安全	计算机 40 台、虚拟机环境	在系统中安装 Windows EFS、Microsoft Private Folder 和 FinalData 等软件，或者网络环境
Linux 安全工具使用	计算机 40 台、虚拟机环境	在虚拟机中安装 Linux 操作系统，在 Linux 系统中要准备安装系统的文件、NMAP 等软件
Windows 攻击技术	计算机 40 台、虚拟机环境	在虚拟机中安装 Windows XP、Windows 2003 等操作系统，安装 X-Scan、科来分析软件、ARP 攻击软件等攻击工具
Web 渗透	计算机 40 台、虚拟机环境	在虚拟机中安装 Windows XP、Windows 2003 等操作系统、存在漏洞的网站、Web 渗透软件等
密码学应用	计算机 40 台、虚拟机环境	在虚拟机中安装 Windows XP、Windows 2003、Linux 等操作系统，密码破解工具等
计算机病毒及防御	计算机 40 台、虚拟机环境	在虚拟机中安装 Windows XP、Windows 2003、Linux 等操作系统，病毒样本等

2. 课程资源的开发与利用

（1）教材的选用或编写建议

鲍洪生等，《信息安全技术教程》，电子工业出版社，2014。

（2）推荐的教学参考资料

程庆梅、徐雪鹏，《信息安全教学系统实训教程》，机械工业出版社，2012。

（3）教学软件

VMware 虚拟机中，安装 Windows XP、Windows 2003、Linux 等操作系统，操作系统中安装扫描软件、渗透软件、存在安全漏洞的 Web 服务器和数据库服务器、病毒样本、密码破解软件、木马等。

（4）主要参考网站

①全国职业院校技能大赛网站：http：//www. nrsc. com. cn。

②辽宁省职业院校大赛网站：http：//www. lnjndsw. com。

3. 课程考核与评价

（1）评价考核方式

本课程的评价考核采取过程性评价和终结性评价相结合的方式进行。

（2）评价考核标准

评价项目之一：过程性评价（占总成绩的20%）					
评价项目	评价标准				分值
	优	良	中	及格	不及格	
态度（考勤）	无请假、迟到、早退，上课能认真听讲，很好地完成课堂练习	无迟到、早退，上课能认真听讲，能完成课堂的所有练习	无迟到、早退，上课能认真听讲，基本能完成课堂练习	迟到、早退不超过3次，上课能认真听讲，可以完成大部分课堂练习	迟到、早退超过3次，上课不能认真听讲，大部分的课堂练习不能完成	10
任务完成	能按照要求100%完成网络安全的配置，在规定的1/2时间内就能完成	能按照要求搭建网络环境，网络安全配置的正确率达到80%以上，在规定的3/4时间内就能完成	能按照要求搭建网络环境，网络安全配置的正确率达到70%以上，在规定的时间内就能完成	能按照要求搭建网络环境，网络安全配置的正确率达到60%以上，在规定的时间内就能完成	能按照要求搭建网络环境，网络安全配置的正确率达到60%及以下，在规定的时间内就能完成	10

续表

评价项目之二：终结性评价（占总成绩的80%）		
评价内容	评价方式	分值
Linux 主机系统防御	实际操作	15
Windows 主机系统防御	实际操作	15
Linux 系统攻击	实际操作	10
Windows 系统攻击	实际操作	15
Web 渗透	实际操作	10
密码学与病毒	实际操作	10
数据安全	实际操作	5
总评 = 过程性评价 + 终结性评价		

数据结构课程标准

一、课程基本信息

课程名称	数据结构	课　　时	90
适用专业	计算机软件类相关专业	先修课程	C 语言程序设计、离散数学
课程代码		后续课程	操作系统、数据库系统
编 制 人	郗大海、李中跃、胡艳梅、杨晶洁、高鑫、孙晓奇、李胜、王皓、陈向朋、刘俊明、于波	制定日期	2017.10

二、课程概述

1. 课程作用

本课程是计算机软件类相关专业的专业基础课程，是软件类专业的必修课，为计算机软件类专业技术人员提供必要的专业基础知识和技能训练。

计算机软件类专业培养具有与本专业相适应的文化水平和良好的职业道德，掌握计算机软件开发的基本知识、基本技能，精通程序设计语言，了解软件项目的开发流程，能够从事软件开发、软件测试、软件实施、技术支持等工作的技术应用性人才。

通过本课程的学习，学生能熟练掌握软件程序设计中常见的各种数据的逻辑结构、存储结构及相应的运算，初步掌握算法的时间分析和空间分析的技术，并能根据计算机加工的数据特性运用数据结构的知识和技巧设计出更好的算法和程序，具备良好的算法设计风格和软件行业职业道德，为从事软件类技术岗位打好坚实的基础。

2. 课程设计思路

本课程设计从计算机软件类专业的视角出发，以满足本专业就业岗位所必须具备的计算机软件技术基础知识为基础，通过岗位工作目标与任务分析，分解完成工作任务所必备的知识和能力，从而采用并列和流程相结合的教学结构，构建教学内容和为达到工作任务要求而组建的各项目，以及教学要求和参考教学课时数。本课程旨在通过实践操作、案例分析，培养学生的综合职业能力，基本达到程序员级职业技能鉴定标准；同时将软件开发的职业道德、职业素质、职业规范融入课程建设中去，全面提高学生的专业知识和职业操守，为成为合格的 IT 人才奠定基础。

课程设计的基本依据是本课程涉及的工作领域和工作任务范围，但在具体设计过程中还以数据结构开发应用与典型的项目为载体，使工作任务具体化，并依据完成工作任务的需要、职业院校学习特点和职业能力形成的规律，遵循"学历证书与职业资格证书嵌入式教学"的设计要求确定课程的知识、技能等内容，产生了具体的项目模块。

具体设计思路如下：

（1）任务驱动

对整个知识系统进行划分，设立工作项目，根据项目需要的知识点划分为若干基础任务，以基础任务为基本教学单元，通过完成一系列的基础任务最终达到项目的实现，以及理论的应用与理解。

（2）三位一体教学方法

在课程教学过程中采用案例教学、项目教学、任务驱动教学等多种教学方法，将 Lecture（教学）、Practical（课堂实践练习）和 Tutorial（辅导）相结合，把课堂教学与实践教学相结合，把理论教学与实训教学相结合，采用理论、实践和实训"三位一体"的教学方法。

（3）基于微课的翻转课堂教学模式

开发数据结构"微课"，以流媒体形式展示围绕某个知识点或教学环节开展的简短、完整的教学活动，为使学生自主学习获得最佳效果，同时可以采用基于微课的翻转课堂教学模式展开教学。

（4）工学结合

在完成校内课程学习之后，组织学生参观校园网、企业网，进行社会调研和实践，并积极组织学生到企业顶岗实习，拓展、提高学生课堂知识的实践应用能力，并激发学生的求知欲望，为下阶段重返课堂奠定基础。

（5）仿真实践

为加强课程的有效性，课程教学主要置身于真实环境中进行，并充分利用多媒体仿真环境充实教学环节；采用项目任务驱动式的多层次、立体化的教学过程，使学生顺利完成项目任务，并通过项目实施过程的演练，增强学生的实践技能，形成职业能力目标。

三、课程目标

1. 知识目标

（1）掌握各种主要数据结构的特点、计算机内的表示方法，以及处理数据的算法实现。

（2）初步了解算法的时间分析和空间分析技术。

2. 能力目标

（1）有初步的算法分析和设计能力。

（2）通过对算法设计和上机实践的训练，初步具备数据抽象能力和复杂程序设计的能力。

（3）能够有效地获取、利用、传递信息。

（4）通过独立学习，不断获取新的知识和技能，能够在工作中寻求发现问题、解决问题的途径。

（5）通过学习和总结而引发出创新精神和创新能力。

3. 素质目标

（1）培养学生"爱岗、敬业、细致、求精"的职业道德与情感。

（2）培养学生自觉的规范化和标准化意识。

（3）培养学生相互协作的团队精神。

（4）培养学生良好的存储文档习惯。

（5）培养学生良好的动手实践习惯，尤其注重挖掘学生的潜质。

（6）培养学生严谨的行事风格。

四、课程内容设计

序号	项目/模块名称	任务/单元编号、名称	教学目标	教学方法、手段	学时
1	绪论	1-1 数据结构的基本概念和术语、算法	1. 掌握数据结构的概念和术语 2. 理解算法的描述与算法分析	基于微课的翻转课堂	2
2	线性表	2-1 线性表的概念 2-2 线性表的操作的实现	1. 掌握线性结构的特点 2. 掌握线性表的概念 3. 掌握线性表的顺序存储 4. 理解线性表的各种操作 5. 掌握线性表顺序存储结构上基本运算实现	基于微课的翻转课堂；讲解、实训、辅导三位一体教学法	16

续表

序号	项目/模块名称	任务/单元编号、名称	教学目标	教学方法、手段	学时
3	链表	3-1 单链表 3-2 循环链表 3-3 双向链表	1. 掌握单链表的类型定义、单链表的链式存储结构与实现 2. 掌握单链表上的基本运算实现 3. 理解循环链表的存储结构与实现 4. 理解循环链表上的基本运算实现 5. 了解双向链表的存储结构与实现 6. 了解双向链表上的基本运算实现	基于微课的翻转课堂；讲解、实训、辅导三位一体教学法；案例教学法	12
4	栈和队列	4-1 栈 4-2 队列	1. 掌握栈的定义、栈的存储及其实现 2. 理解利用栈进行算法描述 3. 了解栈与递归算法实现 4. 掌握队列的定义、存储及其实现 5. 掌握循环队列的实现 6. 理解利用队列进行算法描述	基于微课的翻转课堂；讲解、实训、辅导三位一体教学法，案例教学法	8
5	其他常见线性结构	5-1 串 5-2 多维数组	1. 掌握串类型的定义、串的存储 2. 理解串的运算实现 3. 了解串的模式匹配 4. 掌握数组的定义、数据的顺序存储和实现，特殊矩阵的压缩存储 5. 理解稀疏矩阵的三元组表存储	基于微课的翻转课堂；讲解、实训、辅导三位一体教学法；案例教学法	8
6	树和二叉树	6-1 树的定义和基本操作 6-2 二叉树 6-3 哈夫曼树	1. 掌握树的定义和基本术语、树的存储结构 2. 理解树和森林的概念、树的存储结构及树和森林的遍历 3. 掌握二叉树的概念、性质、存储及遍历二叉树 4. 理解树、森林和二叉树之间的转换 5. 了解线索二叉树 6. 掌握哈夫曼树的构造方法 7. 理解哈夫曼编码	基于微课的翻转课堂；案例教学法	12

序号	项目/模块名称	任务/单元编号、名称	教学目标	教学方法、手段	学时
7	图	7-1 图的定义和术语、存储结构及遍历 7-2 图的应用	1. 能正确理解抽象数据类型图的定义 2. 掌握图的相关术语：有向图、无向图、完全图、权与网、子图、路径、回路、生成树、连通图等 3. 能对各种图进行分析，如入度、出度等 4. 能正确理解邻接矩阵、邻接表法存储图的原理及意义 5. 能使用邻接矩阵存储图，使用数组表示定义图，通过程序实现各种类型图的定义 6. 能使用邻接表存储图，通过程序实现各种类型图的定义 7. 了解十字链表法、邻接多重表法对图的存储方法 8. 能正确理解图的遍历含义及意义 9. 能正确理解深度优先搜索对图遍历的过程，掌握深度优先搜索算法（递归调用）；并使用程序实现图的遍历 10. 能正确理解广度优先搜索对图遍历的过程，掌握广度优先搜索算法（队列），并使用程序实现图的遍历 11. 掌握最小生成树的定义及算法 12. 能使用遍历图的算法求解图的连通性、生成树、连通分量 13. 能理解 Prim 算法，并能通过程序实现 Prim 求最小生成树 14. 了解有向无环图的拓扑排序 15. 了解最短路径	基于微课的翻转课堂、多媒体网络教室、教学课件；讲授法、讨论法；案例教学法	12
8	查找	8-1 静态查找表 8-2 动态查找表 8-3 散列表	1. 掌握查找的基本概念 2. 掌握顺序查找、折半查找算法 3. 理解分块查找算法 4. 掌握二叉排序树的定义及其操作 5. 理解平衡二叉树的定义 6. 掌握散列表的定义及查找方法	讲解、实训、辅导三位一体教学法；任务驱动法；案例教学法	8

续表

序号	项目/模块名称	任务/单元编号、名称	教学目标	教学方法、手段	学时
9	排序	9-1 插入排序 9-2 交换排序 9-3 选择排序 9-4 其他排序方法 9-5 各种排序算法的比较 9-6 排序应用举例	1. 掌握直接插入排序算法，理解希尔排序 2. 掌握冒泡排序和快速排序算法 3. 掌握简单选择排序算法 4. 理解堆排序算法 5. 了解基数排序、归并排序算法 6. 掌握各种排序算法、各种排序方法的适用情况及其时间和空间复杂度 7. 通过解决实际问题，积累程序设计和算法书写经验 8. 培养基本的、良好的程序设计技能，编制高效可靠的程序 9. 培养利用所学理论知识解决实际问题的能力	讲解、实训、辅导三位一体教学法；任务驱动法；案例教学法	12

五、课程实施保障

1. 教学条件

项目/模块名称	仪器设备名称	功能要求
绪论	移动通信设备、电脑、投影、音箱、麦克	1. 能完成基于微课的翻转课堂 2. 能完成案例教学、任务驱动、三位一体教学 3. 能完成上机实训
线性表	移动通信设备、电脑、投影、音箱、麦克	1. 能完成基于微课的翻转课堂 2. 能完成案例教学、任务驱动、三位一体教学 3. 能完成上机实训
链表	移动通信设备、电脑、投影、音箱、麦克	1. 能完成基于微课的翻转课堂 2. 能完成案例教学、任务驱动、三位一体教学 3. 能完成上机实训
栈和队列	移动通信设备、电脑、投影、音箱、麦克	1. 能完成基于微课的翻转课堂 2. 能完成案例教学、任务驱动、三位一体教学 3. 能完成上机实训

项目/模块名称	仪器设备名称	功能要求
其他常见线性结构	移动通信设备、电脑、投影、音箱、麦克	1. 能完成基于微课的翻转课堂 2. 能完成案例教学、任务驱动、三位一体教学 3. 能完成上机实训
树和二叉树	移动通信设备、电脑、投影、音箱、麦克	1. 能完成基于微课的翻转课堂 2. 能完成案例教学、任务驱动、三位一体教学 3. 能完成上机实训
图	多媒体网络教室、白板（或黑板）	1. 能完成基于微课的翻转课堂 2. 支持多媒体课件教学 3. 支持教师边讲边练，支持教师演示程序调试与运行 4. 支持学生上机实验，程序编写、调试及运行 5. 能够正常运行 VC＋＋ \ Visual Studio \ Eclipse \ PowerPoint 软件，完成上机实训
查找	电脑、投影、音箱、麦克、计算机	1. 能完成基于微课的翻转课堂 2. 支持多媒体课件教学 3. 支持教师边讲边练，支持教师演示程序调试与运行 4. 支持学生上机实验，程序编写、调试及运行 5. 能够正常运行 VC＋＋ \ Visual Studio \ Eclipse \ PowerPoint 软件，完成上机实训
排序	电脑、投影、音箱、麦克	1. 能完成基于微课的翻转课堂 2. 能完成案例教学、任务驱动、三位一体教学 3. 能完成上机实训

2. 课程资源的开发与利用

（1）教材的选用或编写建议

①本课程目前选用教材

张世和、徐继延，《数据结构（第2版）》，清华大学出版社，2007。

②教材编写建议

根据课程标准，将教学积累与企业应用相结合，开发适合高职学生特点的教材，为学生提供知识载体。另外应该开发微课、题库等配套课程资源。

（2）推荐的教学参考资料

①严蔚敏、吴伟民，《数据结构（C语言版）》，清华大学出版社，2003。

②傅清祥、王晓东，《算法与数据结构（第2版）》，电子工业出版社，2001。

③黄国兴，《数据结构》，机械工业出版社，2009。

④杨秀金，《数据结构》，西安电子科技大学出版社，2000。

（3）教学软件

C 语言。

（4）主要参考网站

①学堂在线：http：//www. xuetangx. com。

②中国大学慕课：http：//www. icourse163. org。

3. 课程考核与评价

（1）评价考核方式

本课程采取课堂表现考核、阶段考核、实训作业考核、期末试卷考核等多元化考核方式，各部分分值如下表：

评价考核方式	分值
课堂表现考核	10
阶段考核	10
实训作业考核	20
期末试卷考核	60
合计	100

（2）评价考核标准

①课堂表现考核。课堂表现能够体现一个学生的学习态度、学习效果。根据在课堂回答问题、听课态度及课堂完成学习任务的情况，以抽测提问的形式进行考核并给出成绩。在整个学期教学环节中，对每位同学至少考核一次。

②阶段考核。本课程的教学任务之一就是训练学生进行复杂程序设计和培养良好的程序设计习惯，因此，在数据结构的整个教学环节中，要有目的地设置阶段考核，检查学生掌握的情况。阶段考核题目可以来源于书后习题及类似题目，不宜过难，能检测出大部分学生的掌握水平即可。根据考核结果可以调整教学进度等一系列教学事务。

③实训作业考核。在数据结构的整个教学过程中，完成上机实训是一个直观的环节，这个环节中，主要考查了学生对基础知识的理解能力和实际的动手操作能力。上机实训主要针对具体应用问题，选择、设计和实现抽象数据类型的可重用模块，并以此为基础开发满足要求的小型应用程序。每个教学单元结束后均有上机实训课程，课程结束后提交实训报告文档和源程序及可执行程序。

④期末试卷考核。本课程要实现教考分离。题库应该在坚持教学大纲的基础上，突出以下三个原则：全面覆盖原则，即全面覆盖整门课程的知识要点；突出重点原则，即突出课程的知识点和技能点，重点内容重点考核；难易度均衡原则，即试题的难易程度要保证均衡。试卷建议设计如下：

　　按时间为 90 分钟，总分为 100 分出题。试题类型为单选题、判断题、简答题、算法题四种类型。选择题、判断题主要考查学生对基础知识的掌握情况，具体包括事件复杂度的计算、向量存储地址的计算、单链表插入操作、串的存储、二叉树的性质、二分查找、快速排序等知识点。简答题主要考查学生对于树、图、查找等方面的知识点，具体包括二叉树的遍历、森林和二叉树的转换、哈夫曼编码、最小生成树、拓扑排序、堆排序、散列表的建立等。算法题共 3 道小题，主要考查学生对算法的掌握情况。卷面各项分值情况如下表：

题型	数目	分值/题	类型分值总计	知识点
单选题	20	1	20	全部基础知识
判断题	10	1	10	全部基础知识
简答题	8	5	40	串、栈、队列、树、图、查找
算法题	3	10	30	线性表、链表、查找、排序
卷面合计			100	

ASP. NET 程序设计课程标准

一、课程基本信息

课程名称	ASP. NET 程序设计	课　　时	96
适用专业	软件技术、计算机网络技术、移动互联应用技术	先修课程	C#基础、数据库技术、Web 应用基础等相关课程
课程代码		后续课程	动态网站综合实训
编 制 人	宋来、穆雪、杨晶洁、孙坤	制定日期	2017. 10

二、课程概述

1. 课程性质

本课程是高职高专软件技术专业的专业核心课程，是以项目化教学模式为主线的实践性很强的课程，也是计算机网络技术、移动互联应用技术专业的一门必修课程。本课程将会进一步夯实 C#、数据库、Web 应用等课程知识的基础。通过本课程的学习，学生将掌握 ASP. NET 程序的基础知识和基本方法，对项目化模式开发网上应用系统有一个全面的认识。

2. 课程作用

通过本课程的学习，学生对动态、交互的 Web 应用程序设计有一个全面的认识，基于网上应用系统项目，能用所学的 ASP. NET 技术开发出具有交互能力的 Web 应用程序，并对 B/S 程序设计模式的设计思想有一个全面了解，会应用记事本、Dreamweaver 等工具编辑程序，并能够独立自主开发网上书店、办公自动化系统等网络应用程序。同时培养学生独立思考以及解决问题的能力，增强学生的动手能力和创新能力，并养成良好的职业道德，为以后走上工作岗位打下坚实的基础。

3. 课程设计思路

本课程分为理论和实践两个环节，共 6 个学分，96 个学时。其中理论学时数为 54，实践学时数为 42。本课程的学习，以开发网上书店为项目案例，使学生掌握 ASP. NET 这种 Web 应用程序开发技术，可以利用 ASP. NET 在 Web 服务器上创建中小型应用程序。

三、课程目标

1. 知识目标

（1）掌握 Visual Studio 2010 开发环境的使用。

（2）掌握面向对象编程理论，能正确理解 ASP. NET 的编程思想和技术。

（3）掌握 ASP. NET 的基本语法，掌握常用 Web 服务器控件的使用。

（4）掌握 ASP. NET 数据库编程基础知识。

（5）掌握 ADO. NET 访问数据库的基本流程，掌握数据源控件和数据控件的基本操作。

（6）掌握动态网站开发的基本思路、方法与实施过程。

2. 能力目标

（1）独立搭建开发环境的能力。

（2）具备使用 ASP. NET 进行基本程序设计的能力。

（3）具备使用 . NET 类库和 Web 服务器控件的能力。

（4）具备中小型应用软件编码开发的能力。

（5）能设计、实现简单的基于 B/S 结构的网站。

（6）在老师的指导下，具备承接小型软件项目并实施的能力。

3. 素质目标

（1）具备协同工作和团队合作能力。

（2）具备较强的语言表达能力、良好的沟通能力和协调能力。

（3）具备良好的心理素质和责任意识，能及时完成任务。

（4）具备独立分析和思考能力，具备良好的自学能力。

（5）具备踏实肯干的工作作风和主动、耐心的服务意识。

四、课程内容设计

序号	项目/模块名称	任务/单元编号、名称	教学目标	教学方法、手段	学时
1	配置网上书店开发环境	1-1 搭建项目解决方案 1-2 配置网上书店开发环境	1. 能够根据开发需要安装开发工具 2. 能够配置开发调试环境 3. 能够根据系统版本选择安装对应的 IIS 4. 理解轻量级服务器的作用和意义 5. 掌握简单的 ASP. NET 程序的开发步骤 6. 掌握 ASP. NET 控件＋事件的开发方式 7. 能够搭建项目解决方案 8. 会安装 IIS 并配置虚拟目录 9. 培养学生分析问题、解决问题的能力 10. 培养学生良好的职业道德规范，以及安全、成本和质量意识	任务驱动法；讲授法、演示法	8
2	网上书店系统框架搭建	2-1 搭建风格统一的网上书店页面框架 2-2 构建网上书店的系统结构框架	1. 能够使用母版页控制页面风格 2. 能够通过母版规划网站页面结构布局，并熟练应用 3. 能够利用 SiteMapPath 控件设置网站面包屑导航 4. 能使用 XML 文件控制树形导航 5. 能够利用 Tree View 控件设计树形结构导航 6. 能够利用 Menu 控件设计导航菜单 7. 掌握实体类的使用 8. 理解三层结构中各层之间的逻辑关系 9. 能够在 ASP. NET 中使用三层结构搭建项目 10. 掌握三层架构下的开发方式 11. 能够实现三层结构下的用户注册和登录 12. 培养学生分析问题、解决问题的能力 13. 培养学生良好的职业道德规范	任务驱动法；讲授法、演示法	14
3	网上书店页面对象访问控制	3-1 实现管理员登录功能 3-2 实现站点计数器功能	1. 能够设计简单的登录页面 2. 能够运用 Visual Studio 的调试功能，发现问题、解决问题 3. 能够设置锁定和解锁 4. 掌握管理员登录的逻辑判断思路 5. 实现管理员登录功能 6. 掌握页面对象 Session 的使用 7. 掌握 Application 对象的使用 8. 培养学生准确理解用户需求的能力 9. 培养学生团队协作能力 10. 培养学生缜密的逻辑思维	任务驱动法；讲授法、演示法	10

序号	项目/模块名称	任务/单元编号、名称	教学目标	教学方法、手段	学时
4	网上书店页面数据传递与验证	4-1 网上书店的表单和数据验证 4-2 实现管理员端的图书查询功能 4-3 完善图书显示功能	1. 能够使用 DIV+CSS 进行网页布局 2. 能够使用母版对网页布局 3. 会使用第三方控件 4. 掌握数据绑定 5. 实现图书查询功能 6. 实现在图书列表中显示出版社名称功能 7. 能够在 GridView 控件中使用 CheckBox 控件 8. 能够使用 GridView 控件的相关事件 9. 能够使用命令列 10. 掌握添加客户端脚本的方法 11. 实现管理员登录功能 12. 掌握验证控件使用 13. 实现省份城市的级联效果 14. 实现 GridView 的光棒效果 15. 实现图书详细信息显示 16. 具有良好的职业道德，服从大局 17. 能与团队成员进行良好的沟通 18. 培养学生解决实际项目中的新问题的能力 19. 培养学生团队协作能力 20. 能顺利与客户进行交流，具备服务意识	任务驱动法；讲授法、演示法	20
5	网上书店系统的数据库访问与数据显示管理	5-1 完善用户注册及用户信息的更新和删除 5-2 图书信息的添加及图书详细数据的更新 5-3 完成图书展示列表及搜索页	1. 熟练掌握 GridView 的使用方法 2. 掌握使用富文本控件、日历控件等第三方控件的使用方法 3. 掌握上传控件的使用方法 4. 掌握 Server 对象的使用 5. 掌握 DataList 的使用方法 6. 能够完成搜索页和图书热销排行页的设计制作 7. 会使用验证码控件制作验证码 8. 熟练掌握 ASP.NET 控件的使用 9. 熟练使用 Codematic 生成的三层项目 10. 能完成网上书店图书展示列表的设计制作 11. 培养学生分析问题、解决问题的能力 12. 培养学生良好的职业道德规范	任务驱动法；讲授法、演示法	24

续表

序号	项目/模块名称	任务/单元编号、名称	教学目标	教学方法、手段	学时
6	典型类型应用	6－1　实现登录的用户控件 6－2　购物车的设计与实现	1. 掌握用户控件的创建和试用 2. 掌握暴露用户控件的属性 3. 掌握自定义控件的概念 4. 了解服务器控件的生命周期、呈现过程 5. 掌握数据绑定的 Eval 和 Bind 方法 6. 使用 GridView 展示多条数据 7. 掌握购物车的增、删、改、查功能 8. 使用三层架构组织程序代码 9. 理解用户控件创建的意义 10. 熟练使用用户控件 11. 掌握使用用户控件设计可复用的功能模块的方法 12. 会从服务器控件派生自定义控件 13. 能够使用三层架构完成购物车设计 14. 培养学生分析问题、解决问题的能力 15. 培养学生良好的职业道德规范	任务驱动法；讲授法、演示法	16
7	部署并发布网上书店系统	7－1　系统配置文件的设置应用 7－2　部署发布网上书店系统	1. 能够使用 web.config 存储数据库连接 2. 会使用站点管理工具配置站点 3. 掌握用 VS 站点部署工具进行网站发布前部署的方法 4. 掌握网站发布流程 5. 能够进行网站的配置修改以及域名和控件申请 6. 能将网站部署到 IIS 中 7. 能够发布 ASP.NET 网站 8. 培养学生分析问题、解决问题的能力 9. 通过网站的反复调试至成功上传，训练学生面对枯燥代码调试的自信心、细心和耐心程度 10. 培养学生良好的职业道德规范	任务驱动法；讲授法、演示法	4

五、课程实施保障

1. 教学条件

项目/模块名称	仪器设备名称	功能要求
网上书店系统	手机、计算机	1. 能够设计制作 UI 界面 2. 能够设计制作出基本数据交换功能 3. 能够流畅实现功能，并能够交互良好

校内实验实训基地条件：计算机最低配置内存至少 8G 以上，CPU i5 及以上。

校外实训基地条件：各专业相关实习基地均可。

2. 课程资源的开发与利用

（1）教材的选用或编写建议

①教材要以岗位能力分析为基础，以注重应用开发的能力要求和本课程标准为依据进行编写。

②教材的编写应以真实项目为主线，按实际开发过程组织编写内容，注重教学做三位一体，通过真实项目的开发来带动理论学习和编程技能的掌握。

③推荐的教材：

明日科技，《ASP.NET 项目开发实战入门（全彩版）》，吉林大学出版社，2017。

（2）推荐的教学参考资料

[美] William Penberthy，李晓峰、高巍巍译，《ASP.NET 入门经典（第 9 版）》，清华大学出版社，2016。

（3）教学软件

Visual Studio 2010、Microsoft IIS7.0、NET Framework3.5 以上。

（4）主要参考网站

①CSDN 论坛：https：//bbs.csdn.net。

②编程论坛：https：//bbs.bccn.net。

3. 课程考核与评价

本课程属于项目化、实践性较强的课程，期末考核采用整体项目完成情况的考核模式，不设置期末卷面考核。考核成绩由平时成绩、项目成绩、任务协同和教师评定四部分组成。

（1）平时成绩（占25%）：包括考勤（占10%）、课堂提问（占15%）。

（2）项目成绩（占50%）：根据学生各项子任务完成的质量、进度、整合效果、扩展及创新开发思维等进行赋分。

（3）任务协同（占15%）：本项目中在中后期的进程中，需要多个成员协同开发，按每人所承担任务分别赋分。

（4）教师评定（占10%）：根据学生在学习过程中表现出来的学习态度、学习能力和动力以及创新意识，划分为几个等级，此项以个人能力为单位，不以团队为单位，具体情况如下表：

类型	个人情况	分值
学习态度	上课态度、团队合作意识、任务完成的责任心	40
学习能力和动力	实验及实践能力、编写和调试能力、测试能力、整合能力，持续推进能力、拓展开发能力	30
创新意识	基于现有所学体现的发散思维、探索精神、创造意识和行动	30

PHP 编程基础与案例开发课程标准

一、课程基本信息

课程名称	PHP 编程基础与案例开发	课 时	64
适用专业	计算机相关专业	先修课程	C 语言程序设计、MySQL 数据库
课程代码		后续课程	软件测试
编 制 人	刘丽、杨灵、付兴宏、刘仁、马蓉平、孙坤	制定日期	2017.10

二、课程概述

1. 课程性质

本课程是一门重要的专业课程，也是一门实践性很强的课程。课程主要讲解 PHP 的相关知识及 PHP 在 Web 应用程序开发中的实际应用，通过具体案例，使学生巩固数据库、网页制作等专业知识，从而更好地进行开发实践。

2. 课程作用

通过本课程的理论和实践教学，学生能较好地掌握 PHP 各方面的知识，掌握基本的网站设计技巧，具备一定的网站编程能力，并能较熟练地应用 PHP 在 Windows 和 Linux 环境下进行网站的编程。

3. 课程设计思路

本课程立足于培养学生的动手实践能力，教学活动基本上围绕着职业导向进行，对课程内容的选择标准进行创造性的根本改革，打破以书本知识传授为主要特征的传统学科课程模式，使之转变为"理论与实践""线上线下"相结合的教学模式，以真实项目为导向组织课程内容和实施课程教学，让学生在完成具体项目的过程中发展职业能力并掌握相关理论知识，真正做到学以致用，发展职业能力。

三、课程目标

1. 知识目标

（1）了解 PHP 的特征及功能，掌握 PHP 的基础知识和核心技术。

（2）掌握 PHP 的开发环境与关键配置。

（3）熟练掌握 PHP 脚本元素的用法。

（4）熟练掌握 PHP 控制结构（选择分支和循环语句）的使用。

（4）熟练掌握 PHP 内置对象的特点及用法。

（5）掌握 PHP 的 Session 会话中 Cookie 对象的使用。

（6）熟练掌握访问数据库技术、数据库查询和更新语句的使用。

2. 能力目标

（1）能够熟练使用编辑工具管理和设计页面。

（2）能够在 MySQL 数据库管理系统中建库建表。

（3）能够利用动态网页技术实现基本的交互应用。

（4）能够在网站中实现对文件的处理与文件的上传下载。

（5）能够在网站中用多种方式显示数据，并实现数据的增、删、查、改。

（6）具有对 PHP 源实例代码的剖析能力。

（7）会使用 PHP 进行简单的 Web 网站的开发。

（8）能实现 Web 应用程序的登录功能、注册功能、查询功能和分页功能。

3. 素质目标

（1）培养按时、守时的软件交付观念。

（2）能书写规范、优化的程序代码。

（3）培养自主、开放的学习能力。

（4）培养业务逻辑分析能力。

（5）培养良好的自我表现、与人沟通能力。

（6）培养良好的团队合作精神。

四、课程内容设计

序号	项目/模块名称	任务/单元编号、名称	教学目标	教学方法、手段	学时
1	PHP 入门与开发环境搭建	1-1 PHP 概况 1-2 PHP 开发环境搭建 1-3 综合案例	1. 了解 PHP 的定义、优势以及应用领域 2. 了解内嵌式脚本语言 3. 掌握在 Windows 中安装、配置 PHP 开发环境以及运行环境 4. 了解 PHP 程序的工作流程，并可以编写、运行简单的 PHP 程序	讲授+操作；多媒体	4
2	PHP 开发基础	2-1 PHP 代码基本语法 2-2 PHP 数据类型 2-3 常量与变量 2-4 PHP 运算符	1. 了解 PHP 代码基本语法以及基本的编码规范 2. 掌握 PHP 数据及数据类型 3. 掌握常量和变量 4. 掌握运算符和表达式	讲授+操作；多媒体	6
3	PHP 流程控制	3-1 条件控制语句 3-2 循环语句 3-3 跳转语句 3-4 综合案例	1. 掌握 if…else…语句、switch 语句 2. 掌握 while 语句、do…while 语句、for 语句 3. 掌握 break 语句、continue 语句、exit 语句 4. 了解条件控制结构、循环结构以及程序跳转和终止语句 3 种类型的 PHP 流程控制语句	讲授+操作；多媒体	8
4	PHP 数组	4-1 数组 4-2 一维数组 4-3 二维数组 4-4 数组的应用 4-5 综合案例	1. 了解数组的概念 2. 掌握一维数组的定义、创建以及初始化 3. 掌握二维数组的定义、创建以及初始化 4. 掌握数组遍历的各种方法 5. 能定义和在网页中输出数组	讲授+操作；多媒体	6

续表

序号	项目/模块名称	任务/单元编号、名称	教学目标	教学方法、手段	学时
5	PHP 函数	5-1 函数 5-2 函数的调用 5-3 综合案例	1. 了解函数的定义、返回值 2. 掌握 PHP 变量函数、字符串函数、日期时间函数、数学函数以及文件系统函数的使用方法 3. 能运用 PHP 函数方面的知识，完成中小型 Web 应用系统中的表单验证、字符串处理等功能的程序设计	讲授+操作；多媒体	4
6	正则表达式	6-1 正则表达式简介 6-2 模式匹配函数 6-3 综合案例	1. 了解正则表达式、正则表达式的语法规则、常用正则表达式 2. 掌握 PHP 正则表达式函数使用方法 3. 通过实例掌握正则表达式的语法与应用	讲授+操作；多媒体	4
7	面向对象编程	7-1 面向对象的概念 7-2 类和对象 7-3 高级应用 7-4 综合案例	1. 了解面向对象的定义和概念 2. 掌握类的定义、对象的生成 3. 掌握面向对象编程的基本技术 4. 通过具体实例，掌握面向对象程序设计的思想	讲授+操作；多媒体	6
8	MySQL 数据库	8-1 MySQL 数据库设计 8-2 phpMyAdmin 图形管理工具 8-3 PHP 操作 MySQL 数据库	1. 了解数据库的基本概念、专业术语 2. 掌握数据库设计流程 3. 掌握 MySQL 的基本知识、PHP 函数 4. 能实现 PHP 与 MySQL 数据库之间的交互过程 5. 通过具体案例——学生管理系统的数据库设计，具备简单数据库系统设计与开发的能力	讲授+操作；多媒体	8

续表

序号	项目/模块名称	任务/单元编号、名称	教学目标	教学方法、手段	学时
9	Form 表单	9-1 创建和编辑表单 9-2 在 PHP 中接收和处理表单数据 9-3 用户身份认证 9-4 文件上传	1. 了解表单的概念及常用表单控件 2. 掌握表单数据的接收和处理 3. 能独立完成 PHP 表单编写工作 4. 掌握 GET 提交和 POST 提交方式的功能及使用	讲授+操作；多媒体	8
10	综合案例	投票管理系统	通过制作投票管理系统，学习掌握网站制作的方法和技巧，包括投票活动的发布、投票活动选项的添加、用户投票的提交计算和最终显示	讲授+操作；多媒体	5
11	综合案例	用 PHP 开发的网络考试系统	能够完成整个网站的布局规划，划分不同的功能结构，完成网络考试系统的编程	讲授+操作；多媒体	5

五、课程实施保障

1. 教学条件

本课程要求在理论实践一体化教室（多媒体机房）完成，以实现"教、学、做"三位合一，同时要求安装多媒体教学软件，方便下发教学任务和收集学生课堂实践任务。

2. 课程资源的开发与利用

（1）教材的选用或编写建议

程文彬，《PHP 程序设计慕课版》，人民邮电出版社，2016。

（2）推荐的教学参考资料

①徐俊强，《PHP MySQL 动态网站设计》，清华大学出版社，2015。

②孔祥盛，《PHP 编程基础与实例教程》，人民邮电出版社，2016。

③传智播客，《PHP + Ajax + jQuery 网站开发项目式教程》，人民邮电出版社，2016。

（3）教学软件

Apache、PHP 和 MySQL、WampServer。

（4）主要参考网站

①网易云课堂：http：//study. 163. com。

②PHP 学习网：http：//www. phpxuexi. com。

3. 课程考核与评价

（1）评价考核方式

教学考核与评价是为了全面了解学生的学习历程，是为了激励学生的学习和改进教师的教学，把学生在活动、实验、制作、探究等方面的表现纳入评价范围，对学生所必须具备的知识、能力、素质做出评定，因此本课程采取过程考核与终结考核相结合的方式进行考核。

（2）评价考核标准

本课程为考试课程，期末考试采用百分制的闭卷考试模式。学生的考试成绩由平时成绩（占20%）、动手操作（占40%）和期末考试（占40%）组成。其中，平时成绩包括出勤（占5%）、课前预习（占5%）、课堂提问（占5%）、作业（5%）。

Flash 动画设计与制作课程标准

一、课程基本信息

课程名称	Flash 动画设计与制作	课　时	72
适用专业	数字媒体专业、影视动画专业	先修课程	数字媒体技术概论、数字图像处理技术、视频处理技术
课程代码		后续课程	三维技术基础
编制人	谷雨、于淼、李春华、张晖、王岩松、谷荣俊、何天礼、戴军	制定日期	2017.10

二、课程概述

1. 课程性质

本课程是数字媒体专业的必修课程，主要是让学生熟练多媒体动画制作技术。本课程是在学生已经学习了职业技能基础课程和职业基本技能课程的基础上开设的，用于培养学生具有多媒体制作岗位需求的综合职业素质和职业技能，为学生学习三维技术基础、网页设计等后续课程打下基础。

2. 课程作用

本课程旨在培养学生多媒体动画设计的思维和技巧，使学生具有较强的多媒体动画的设计能力、良好的语言表达能力，并养成诚信、刻苦、善于沟通和团队合作的职业素养，为成为网站开发、广告设计、电子杂志制作、游戏开发等多媒体制作技术人才打下坚实的基础。

3. 课程设计思路

以工作过程为导向，根据地方区域对多媒体制作员的能力要求，针对高职学生的认知特点，与行业企业专家合作进行课程项目设计与开发，形成从简单到复杂的系统化教学项目，突出学生的教学主体作用，重视职业能力的培养，充分体现课程教学的职业性、实践性和开放性。

（1）以职业能力目标为依据，设计课程内容

根据多媒体制作员的工作内容，分析岗位能力如下：Flash 绘制能力、图形编辑及文本创建能力、动画基础设计能力、补间动画制作能力、逐帧动画制作能力、高级动画制作能力、贺卡制作能力、二维动画制作能力。因此，将本课程细分为 Flash 动画制作基础知识、绘制与填充图形、编辑图形与创建文本、动画基础与元件、逐帧动画、补间动画、高级动画、Flash 贺卡制作、二维动画制作 9 个教学模块。

（2）以企业真实工作任务逐层递进组织实训教学

本课程依据动画制作公司等企业项目制作要求组织教学，课程内容对应多媒体制作员平日实际工作内容，将项目内容设置为具体的项目案例的设计制作。每个学习情境都以企业典型产品项目或学生创新项目为载体。每个项目采用以学生为中心、基于工作过程的项目驱动式教学方法，项目蕴含的核心技能用若干生动、直观的案例导入，校企合作构建循环螺旋上升式课程体系。

三、课程目标

1. 知识目标

（1）掌握 Flash 的工作界面、启动、新建文档。

（2）掌握工具面板、属性面板及各种控制面板的布局方式和使用方法。

（3）掌握 Flash 图形绘制工具的使用方法，图形调整工具的用法，色彩工具及色彩调整工具对颜色进行编辑的方法。

（4）掌握对象基本编辑操作、文本的输入和编辑以及文字特效制作方法。

（5）掌握帧的操作、图层的操作和逐帧动画的创建方法。

（6）掌握创建传统补间动画的基本操作，掌握创建基于对象的补间动画和形状补间动画的基本操作。

（7）掌握引导线动画创建方法、遮罩动画创建方法和骨骼动画创建方法。

（8）掌握音乐贺卡制作方法、二维动画的制作技巧及常用 Flash 动画的制作过程。

2. 能力目标

（1）掌握 Flash 动画的制作特点和常见动画效果，能运用所学的技能解决简单的实际问题。

（2）能够使用 Flash 软件制作课件、游戏等，培养学生的具体应用能力。

（3）了解 Flash 动画的商业应用范围和项目运作过程，培养学生动手实践能力。

（4）培养学生创新思维，使学生具有一定的动画创意设计能力，能够完成二维动画作品。

3. 素质目标

（1）培养学生实事求是、勤劳诚信、用心钻研的工作态度。

（2）培养学生严肃认真的工匠精神及良好的团队合作的职业精神。

四、课程内容设计

序号	项目/模块名称	任务/单元编号、名称	教学目标	教学方法、手段	学时
1	Flash 动画制作基础知识	1－1 界面及面板介绍 1－2 制作第一个动画	1. 掌握 Flash 的工作界面、启动、新建文档 2. 掌握工具面板、属性面板及各种控制面板的布局方式和使用方法	项目教学法	3
2	绘制与填充图形	2－1 绘制热带鱼、松鼠 2－2 绘制窗台、草原 2－3 绘制玩具熊、易拉罐	1. 掌握 Flash 图形绘制工具的使用方法 2. 掌握图形调整工具的用法 3. 掌握色彩工具及色彩调整工具对颜色进行编辑的方法	项目教学法	9
3	编辑图形与创建文本	3－1 制作蝴蝶、风车 3－2 制作向日葵、雪花 3－3 制作文字指示牌	1. 掌握对象基本编辑操作、文本的输入和编辑 2. 掌握文字特效制作方法	项目教学法	9
4	动画基础与元件	4－1 制作飞碟飞行动画 4－2 制作蜜蜂飞行动画、闪电、星光动画	1. 掌握帧的操作 2. 掌握图层的操作	项目教学法	6
5	逐帧动画	制作小熊走路动画	掌握逐帧动画的创建方法	项目教学法	3

续表

序号	项目/模块名称	任务/单元编号、名称	教学目标	教学方法、手段	学时
6	补间动画	6－1 制作日夜交替动画 6－2 制作电影片头动画、接篮球动画 6－3 制作倒果珍动画	1. 掌握创建传统补间动画的基本操作 2. 掌握创建基于对象的补间动画和形状补间动画的基本操作	项目教学法	9
7	高级动画	7－1 制作遮罩动画 7－2 制作飞行特效动画 7－3 制作男孩滑滑板动画 7－4 制作《老鼠爱大米》和《咪咪流浪记》动画	1. 掌握引导线动画创建方法 2. 掌握遮罩动画创建方法 3. 掌握骨骼动画创建方法	项目教学法	12
8	Flash 贺卡制作	母亲节贺卡	掌握音乐贺卡制作方法	项目教学法	6
9	二维动画制作	9－1 动画前期设计与素材搜集 9－2 动画前期制作人物场景设定 9－3 各元件背景制作 9－4 角色动画制作合成 9－5 动画串联合成发布	1. 掌握二维动画的制作技巧及常用 Flash 动画的制作过程 2. 能够使用 Flash 软件制作课件、游戏等 3. 培养学生的具体应用能力、严肃认真的工匠精神及良好的团队合作的职业精神	项目教学法、分组讨论法	15

五、课程实施保障

1. 教学条件

项目/模块名称	仪器设备名称	功能要求
Flash 动画制作基础知识	计算机	计算机可运行 Flash CS6 版本软件，并安装 Photoshop 软件
绘制与填充图形	计算机、手写板	计算机可运行 Flash CS6 版本软件，并安装 Photoshop 软件
编辑图形与创建文本	计算机、手写板	计算机可运行 Flash CS6 版本软件，并安装 Photoshop 软件
动画基础与元件	计算机、手写板	计算机可运行 Flash CS6 版本软件，并安装 Photoshop 软件
逐帧动画	计算机、手写板	计算机可运行 Flash CS6 版本软件，并安装 Photoshop 软件
补间动画	计算机、手写板	计算机可运行 Flash CS6 版本软件，并安装 Photoshop 软件
高级动画	计算机、手写板	计算机可运行 Flash CS6 版本软件，并安装 Photoshop 软件
Flash 贺卡制作	计算机、手写板	计算机可运行 Flash CS6 版本软件，并安装 Photoshop 软件
二维动画制作	计算机、手写板	计算机可运行 Flash CS6 版本软件，并安装 Photoshop 软件

2. 课程资源的开发与利用

（1）教材的选用或编写建议

张晓华，《Flash CS5 动画制作项目教程》，航空工业出版社，2012。

（2）推荐的教学参考资料

①张莉，《Flash 动画实战教程（第 2 版)》，高等教育出版社，2016。

②邓文达，《Flash CS6 动画设计与特效制作 220 例》，清华大学出版社，2014。

（3）教学软件

Adobe、Flash CS6。

（4）主要参考网站

①Flash 网站之家：http：//www. flash – soul. com。

②勤学网：http：//www. qinxue. com。

3. 课程考核与评价

（1）评价考核方式

本课程采用实际操作（分组汇报展示）的考核方式。

（2）评价考核标准

①改革传统的学生评价手段和方法，采用分阶段评价、项目评价等评价模式。

②改革任课教师评价学生的方式，针对项目汇报采用学生互评、任课教师评价、专业教师评价三级评价体系。

③关注评价的多元性，结合考勤、课堂提问、课堂讨论、学生作业、平时测验、技能竞赛及项目汇报等，综合评价学生成绩。

④注重学生职业素质、岗位技能和专业知识的综合性评价，着重培养学生的综合素质，并且评价体系应全面、可控、可行。

⑤注重学生创新能力的培养，对具有独特创意的学生应予以特别鼓励。

各基本要素评分标准见下表：

序号	评分项目	评分内容	分值	模块分值
1	日常考核	出勤率（旷课）	3分	10
		迟到、早退情况	2分	
		课堂提问及日常学习态度	5分	
2	课程过程考核	Flash 动画制作基础知识	5分	70
		绘制与填充图形	5分	
		编辑图形与创建文本	5分	
		动画基础与元件	5分	
		逐帧动画	10分	
		补间动画	10分	
		高级动画	10分	
		Flash 贺卡制作	10分	
		二维动画制作	10分	
3	项目汇报	项目汇报文本规范	5分	20
		项目汇报展示效果	13分	
		作业光盘	2分	

HTML/CSS/JavaScript 语言课程标准

一、课程基本信息

课程名称	HTML/CSS/JavaScript 语言	课　　时	64
适用专业	计算机科学与技术	先修课程	Photoshop 图像处理、C 语言程序设计
课程代码		后续课程	面向对象程序设计、网站开发技术
编 制 人	张洪雷、孙坤、郑黎明、杨光、卢盛继、于洋、郑桐贺、李想、王冰、夏亮	制定日期	2017.8

二、课程概述

1. 课程性质

本课程是计算机科学与技术专业的专业核心课程，是计算机科学与技术专业的必修课，是校企合作开发的基于工作过程的课程，是院级别的精品课。

2. 课程作用

通过本课程的学习，学生能熟悉从事网站开发业务的 IT 企业的工作内容与典型流程，具备企业要求的技术技能。在此基础上，逐步培养学生的文档处理和情况应对等能力，提升学生与人沟通、与人协作等能力，对职场中可能发生的一些情况做出必要的心理准备和防范意识，从而确立职业素养与职业道德。

3. 课程设计思路

设计上以一个前端程序员在一家从事 Web 前端设计与开发业务的公司工作为情境，以实际工作任务为载体，使之掌握 Web 前端开发工作各相关岗位的具体内容、步骤和操作方法，以此熟悉工作流程，从而培养学生从事本课程内容所对应职业的技术技能与职业素养，为其今后工作奠定良好的知识与能力基础，并对学生今后职业规划与发展产生一定的积极影响。

教学中将实际工作任务引入课堂，并转换成可操作的教学任务，通过"线上线下"相结合的教学模式，以真实项目为导向，整合、序化教学内容，从而全面提高学生的实际操作能力。

四、课程目标

1. 知识目标

（1）知道 Web 标准。

（2）知道当前主流 Web 前端技术涵盖的内容。

（3）掌握 HTML。

（4）掌握 CSS。

（5）掌握 JavaScript 的基本使用方法。

2. 能力目标

（1）能够正确识别网页开发技术与方法；能对现有 HTML/CSS（模板）文档进行简单的、有目的的修改。

（2）能够使用 Dreamweaver 软件，按具体要求，根据效果图开发 HTML/CSS（模板）文档，能够根据 Web 标准要求，规范编写代码。

（3）具备良好的沟通能力，能根据客户需求完成前端项目整体开发，即能够整理出需求分析报告、绘制草图，使用 Photoshop 制作出效果图，完成 HTML/CSS（模板）文档开发。

3. 素质目标

（1）对客户负责——能与客户进行良好沟通，能充分考虑客户的实际需求，能视客户实际需求的具体情况，充分考虑浏览器版本兼容性带来的显示效果差异。

（2）对团队负责——能与团队成员保持良好沟通，能够按 Web 标准要求编写代码，在此基础上必须符合所在企业相关命名与格式规范。

（3）对自己负责——能抵制诱惑，不承接有违相关法律、法规或特定文化禁忌等的工作。

四、课程内容设计

本课程共设计了 5 个项目，其中含 4 个课内项目和 1 个课外项目。4 个课内项目在难度上由浅入深、由低到高，均为当前主流技术所涉及的应用范围；1 个课外项目主要为锻炼学生独立完成各岗位工作的综合实践能力。每个项目均有与之相对应的、与企业实际工作相同或相似的情境。

序号	项目/模块名称	任务/单元编号、名称	教学目标	教学方法、手段	学时
1	汉语言文学网唐诗欣赏页面设计与开发	1-1 创建站点 1-2 创建文件夹与 HTML 文档 1-3 HTML 文档编辑 1-4 CSS 文档创建与编辑	1. 理解网站的定义 2. 能够在 Dreamweaver 下正确创建站点 3. 理解网页的定义 4. 掌握网站下文件与文件夹命名规划 5. 能够在站点内指定位置创建文件夹与 HTML 文档 6. 掌握 HTML 基本结构标记与块标记的使用 7. 能够正确识别并编写 HTML 文档基本结构代码 8. 了解外部 CSS 的定义 9. 能够在站点内指定位置创建 CSS 文件 10. 能够按 CSS 格式规范书写样式	讲授 + 操作；分组讨论法	12
2	辽宁省职业院校大赛官方网站前端重新设计与开发	2-1 需求分析 2-2 绘制草图 2-3 图像素材收集与效果图制作 2-4 首页开发 2-5 二级栏目页开发 2-6 内容页开发	1. 理解需求分析的重要性：包括决策性、方向性、策略性 2. 能够领会客户意图，梳理需求要点 3. 了解设计类工作的基本步骤 4. 能够根据需求分析报告，绘制网页基本布局的草图 5. 掌握图层与层目录命名的基本方法 6. 能够根据主题搜索与项目匹配的图像素材 7. 能够使用 Photoshop 制作网页效果图 8. 掌握 3 种 Web 图像的类型、特点及其在 Photoshop 下创建的方法 9. 初步掌握 JavaScript 特效代码融合 10. 能够根据效果图对页面所需图像进行有目的提取 11. 能够合理使用不同类型的块标记组织结构 12. 能够对照效果图进行样式编辑 13. 能够对现有代码进行初步改造 14. 理解网站开发"外观一致性"的理念与具体做法 15. 能够在保持外观一致性的前提下，根据要求开发二级栏目页面 16. 了解字体、字号、文字颜色以及行间距对阅读的影响 17. 能够在保持外观一致性的前提下，设计并开发内容页面	讲授 + 操作；分组讨论法	24

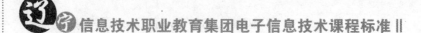

续表

序号	项目/模块名称	任务/单元编号、名称	教学目标	教学方法、手段	学时
3	盘星新科技公司移动端公司简介页面开发	3-1 创建适用移动端的网页 3-2 文字内容样式设置 3-3 图像内容显示设置	1. 理解移动端与 PC 端页面的差异 2. 掌握当前移动端页面的基本结构要求与特定代码 3. 能够根据移动端网页的特点创建含基本结构标记的页面 4. 掌握 em/rem 字号单位的特点与设置方法 5. 能够根据移动端对文字内容的要求进行样式设置 6. 掌握图像进行自适应变化的设置方法 7. 能够根据移动端对图像内容的要求进行样式设置	讲授+操作；分组讨论法	14
4	盘星新科技公司响应式首页开发	4-1 创建响应式页面的基本结构 4-2 创建 PC 端样式 4-3 创建平板电脑端样式 4-4 创建手机端样式	1. 掌握响应式网页的基本要求 2. 能够根据响应式页面要求创建含基本结构的页面 3. 掌握媒体查询框架下 PC 端样式的编辑 4. 能够根据具体要求创建适用于 PC 端显示的样式 5. 能够根据具体要求创建适用于平板电脑端显示的样式 6. 能够根据具体要求创建适用于手机端显示的样式	讲授+操作；分组讨论法	10
5	课外项目设计：盘锦职业技术学院首页全新设计与开发	5-1 需求分析 5-2 绘制草图 5-3 图像素材收集与效果图制作 5-4 首页开发	能够独立完成项目从开始到交付使用的全部工作	操作法、指导法	4

五、课程实施保障

1. 教学条件

授课要求在配置投影仪的计算机室进行，计算机配置为：i3 以上 CPU，4GB 以上内存。

2. 课程资源的开发与利用

（1）教材的选用或编写建议

［美］卡斯特罗、希斯洛普著，望以文译，《HTML5 与 CSS3 基础教程（第 8 版）》，人民邮电出版社，2014。

（2）推荐的教学参考资料

①［美］哈德逊、［英］里德百特著，廖望译，《HTML5 开发手册》，人民邮电出版社，2013。

②戴维、索耶、麦克法兰著，俞黎敏译，《CSS3 秘笈》，电子工业出版社，2014。

③谢郁，《CSS 高效开发实战》，电子工业出版社，2014。

（3）教学软件

①Dreamweaver——推荐使用最新版。

②Photoshop——推荐使用最新版。

③浏览器——推荐使用主流浏览器的最新版，主要包括 Chrome、Firefox、Edge、IE11。

④记事本。

（4）主要参考网站

①学习类

网站名称	网址	简介
W3school	http：//www. w3school. com. cn	全部免费的 Web 技术教程网站，从基础的 HTML 到 CSS，乃至进阶的 XML、SQL、JS、PHP 和 ASP. NET
博客园	http：//www. cnblogs. com	不仅仅包括前端开发，基本上涵盖计算机专业的全部内容，而且各版块文章质量都很高
站酷	http：//www. zcool. com. cn	国内顶尖的设计类展示与教学平台，还包括各类资源，在这里能得到很好的熏陶和启发
慕课网	http：//www. imooc. com	近年来新兴的计算机技术视频教学网，里面的教学视频有较高的参考价值
蓝色理想	http：//www. blueidea. com	网页制作方面的教程既全面又专业，其经典论坛人气相当高
网页教学网	http：//www. webjx. com	较为老牌的网页设计制作教学类网站
网页制作学习园地	http：//www. gl68. net	集合各类教程及资源，论坛里还有诸多高手坐堂回答问题

②赏析类

网站名称	网址	关注重点
米墨	http：//www. miimoo. com	起始动画与后续布局
优设网	http：//www. uisdc. com	出色的页面元素排版
翼狐网	http：//www. yiihuu. com	门户页面设计的新理念
蜂鸟网	http：//www. fengniao. com	页面空间的合理划分
北京航空航天大学	http：//www. buaa. edu. cn	网站首页的布局
虾米音乐	http：//www. xiami. com	文字与图像排版的典范
阿里云	http：//wanwang. aliyun. com	高端的菜单设计与配色
耐克	http：//www. nike. com	强烈的视觉冲击与快速链接
小米商城	http：//www. mi. com	画面的协调与合理的布局
Jan Finnesand	http：//janfinnesand. com	空间比例的设计与充分利用
sbe	http：//www. sbe. com	导航菜单的背景设计与整体布局
UI 社	http：//www. uishe. cn	块式布局合理清晰
IBM	http：//www. ibm. com	页面布局、背景运用及响应式效果
Jax	http：//junlu. co	极简风格与细致的响应式交互设计
G S&P	http：//goodbysilverstein. com	响应细节的画面和比例的掌控
OLLY	http：//ollymoss. com	等宽不等高的块式排列
FCINQ	http：//www. fcinq. com	流畅的动画与高档的配色
Lucky Punk	http：//www. luckypunk. se	巧妙的配色与夸张的动画效果

3. 课程考核与评价

（1）评价考核方式

本课程以过程考核为主，以终结性考核为辅，其中过程考核占80%，终结性考核占20%。过程考核中每完成一个项目都会进行一次综合评定，并给出相应的成绩，让成绩充分体现学生学习的整个过程。

（2）评价考核标准

考核类型	考核内容	分值设置
形成性考核 （占总分值的80%）	项目一	10分
	项目二	35分
	项目三	15分
	项目四	20分
	项目五	20分
	全勤	加5分，至满分为止
	正常病、事假	不加分、不扣分
	迟到、早退	每次扣1分，至60分为止
	旷课	每次扣3分，至0分为止
	课堂纪律	对于违反课堂要求的行为进行扣分，如睡觉、打闹、玩游戏等，每次扣2分，至0分为止
终结性考核 （占总分值的20%）	期末考试 （上机）	100分

Photoshop 平面设计课程标准

一、课程基本信息

课程名称	Photoshop 平面设计	课　时	64
适用专业	电子商务、计算机网络、计算机软件	先修课程	计算机信息基础、美术设计基础、色彩、广告文案
课程代码		后续课程	网页设计与制作、Flash 二维动画制作、3d Max 三维设计
编制人	刘宏、夏俊博、隋任花、张昉、黄越成、荀博、李晨光、王明菊	制定日期	2017. 8

二、课程概述

1. 课程性质

本课程是计算机网络专业的专业核心课程，是计算机网络专业、电子商务专业的必修课，是计算机软件专业、营销专业的选修课，是校企合作开发的基于工作过程的课程，是院级精品课。

2. 课程作用

通过本课程的学习，学生能够完成平面设计岗位上的数码照片处理、广告图文设计、室内装饰后期处理的任务；能熟练利用图像、文字、色彩、版面、图形等表达平面设计的元素，并结合客户的需求，用软件来实现平面设计的目的和意图；能养成良好的认真负责、团队协作完成工作任务和自主学习与持续发展的能力，为适应未来的岗位需求打下坚实的基础。

3. 课程设计思路

本课程是依据"计算机应用技术专业职业岗位与职业能力分析表"中的平面设计师职业岗位设置的，其总体设计思路是：着重学生软件应用能力、实践操作能力及综合素质能力的培养。

以由"工具到实例"、由"简单到复杂"、由"个例到综合实例"、由"任务到项目"为中心进行选择和组织课程内容，让学生在完成具体项目的过程中学会完成相应工作任务，并构建相关理论知识，发展职业能力。

通过对大量企事业单位走访和调研，把企事业所涉及的图形图像案例作为教学内容，从而实现"线上线下"相结合的教学模式，以真实项目为导向，整合、序化教学内容，并且对学生进行沟通能力、学习能力、合作能力、解决问题能力等通用职业素质和基本能力的培养，从而为学生就业、适岗竞争打下扎实的基础。

三、课程目标

1. 知识目标

（1）了解 Photoshop 的基本操作界面。

（2）了解 Photoshop 图像的基本概念。

（3）了解文件的操作。

（4）了解 Photoshop 中图片输出、打印的基本处理。

（5）熟悉图像的绘图与编辑。

（6）熟悉图像的修饰。

（7）熟悉特效文字的制作。

（8）理解颜色设置、色彩校正。

（9）理解图层、蒙板、通道、路径的概念。

（10）掌握图层、蒙板、通道的运用。

（11）掌握滤镜的运用。

（12）掌握运用 Photoshop 制作网页的方法。

2. 能力目标

（1）会使用 Photoshop 中的图形工具、选取工具、图层样式、主要菜单等功能，具有标志设计的能力。

（2）会使用 Photoshop 中的文本工具、图层工具、路径工具等功能，具有广告设计的能力。

（3）会使用 Photoshop 中的钢笔工具、滤镜、图像色彩等功能，具有封面设计的能力。

（4）会使用 Photoshop 中的通道、蒙板、图层混合模式、路径等功能，具有包装设计的能力。

（5）能用 Photoshop 设计娱乐网站、海报、个人网站。

3. 素质目标

（1）让学生养成独立创作的意识，培养学生认真负责、吃苦耐劳的职业素养。

（2）让学生养成自我学习的意识，培养学生自我价值实现提升的职业素养。

（3）让学生养成了解客户需求的意识，培养学生与客户沟通的职业规范。

（4）让学生养成团队合作的意识，培养学生协作完成工作任务的职业道德。

四、课程内容设计

序号	项目/模块名称	任务/单元编号、名称	教学目标	教学方法、手段	学时
1	图形绘制	1-1　初识 Photoshop CC 1-2　选取绘制 1-3　画笔绘制 1-4　路径绘制 1-5　图形特效的制作	1. 了解矢量图与位图 2. 了解分辨率与图像尺寸 3. 了解色彩 4. 了解色彩模式 5. 了解 Photoshop CC 的界面 6. 了解设定前景色与背景色 7. 了解缩放工具 8. 了解自由变换工具 9. 具有 Photoshop CC 工具的基本操作能力 10. 具有自我学习能力 11. 了解矩形选框工具 12. 了解椭圆选框工具 13. 了解单行列选框工具 14. 具有选取绘制能力 15. 培养独立创作的意识 16. 了解油漆桶工具 17. 了解渐变工具 18. 了解画笔工具 19. 了解铅笔工具 20. 具有画笔绘制能力 21. 培养协作完成工作任务的能力 22. 了解路径描边 23. 了解形状绘制 24. 了解文字与路径 25. 具有路径绘制能力 26. 培养自我价值提升能力 27. 了解渐变叠加 28. 了解外发光 29. 了解描边 30. 了解斜面和浮雕 31. 了解投影 32. 了解其他样式 33. 了解样式面板 34. 具有图形特效的制作能力 35. 培养独立创作的意识	案例演示、知识点讲解、过关练习	12

序号	项目/模块名称	任务/单元编号、名称	教学目标	教学方法、手段	学时
2	抠图	2－1　实物抠取 2－2　毛发的抠取	1. 了解多边形套索工具 2. 了解磁性套索工具 3. 了解套索工具 4. 了解魔棒工具 5. 了解快速选择工具 6. 具有实物抠取能力 7. 培养相互学习的能力 8. 了解路径工具 9. 了解钢笔工具 10. 了解路径面板 11. 掌握路径抠图 12. 具有毛发的抠取能力 13. 培养独立创作的意识	案例演示、知识点讲解、过关练习	8
3	图层	3－1　广告设计 3－2　个人网站设计 3－3　标志设计	1. 认识蒙板 2. 了解快速蒙板 3. 了解图层蒙板 4. 了解矢量蒙板 5. 了解蒙板面板 6. 具有广告设计能力 7. 培养独立创作的意识 8. 了解组合模式组 9. 了解加深模式组 10. 了解减淡模式组 11. 了解融合模式组 12. 了解比较模式组 13. 了解色彩模式组 14. 具有个人网站设计能力 15. 培养自我学习的能力 16. 了解剪贴蒙板 17. 了解常用的剪贴蒙板类型 18. 具有标志设计能力 19. 培养相互学习的能力	案例演示、知识点讲解、过关练习	12

续表

序号	项目/模块名称	任务/单元编号、名称	教学目标	教学方法、手段	学时
4	滤镜的应用	4－1 封面设计 4－2 娱乐网站设计 4－3 包装设计 4－4 相册设计	1. 认识滤镜 2. 了解滤镜库 3. 了解智能滤镜 4. 具有封面设计能力 5. 了解特殊滤镜 6. 了解模糊滤镜组 7. 了解渲染滤镜组 8. 具有娱乐网站设计能力 9. 了解扭曲滤镜组 10. 了解模糊画廊滤镜组 11. 了解像素化滤镜组 12. 了解锐化滤镜组 13. 具有包装设计能力 14. 了解风格化滤镜组 15. 了解抽出滤镜组 16. 了解杂色滤镜组 17. 了解液化滤镜组 18. 具有相册设计能力 19. 培养独立创作的意识	案例演示、知识点讲解、过关练习	12
5	照片的处理	5－1 风景照片设计 5－2 人物的美化处理	1. 了解色阶 2. 了解曲线 3. 了解色相/饱和度 4. 了解色彩平衡 5. 了解可选颜色 6. 了解照片滤镜 7. 了解匹配颜色 8. 具有风景照片设计的能力 9. 培养自我学习提升的能力 10. 了解仿制图章工具 11. 了解图案图章工具 12. 了解污点修复画笔工具 13. 了解修复画笔工具 14. 了解修补工具 15. 了解模糊、锐化、涂抹工具 16. 了解减淡、加深、海绵工具 17. 具有美化处理能力 18. 培养独立创作的意识	案例演示、知识点讲解、过关练习	8

续表

序号	项目/模块名称	任务/单元编号、名称	教学目标	教学方法、手段	学时
6	综合设计	6-1　广告设计 6-2　海报设计 6-3　包装设计	1. 具有综合运用知识点的能力 2. 具有广告设计能力 3. 具有海报设计能力 4. 具有包装设计能力 5. 培养团队合作、协作完成工作任务的能力	作品展示、评价（学生互评，教师点评）	12

五、课程实施保障

1. 教学条件

项目/模块名称	仪器设备名称	功能要求
图形绘制	计算机	安装 Photoshop CC 软件，基本的输入法
抠图	计算机	安装 Photoshop CC 软件，基本的输入法
图层	计算机	安装 Photoshop CC 软件，基本的输入法
滤镜的应用	计算机	安装 Photoshop CC 软件，基本的输入法
照片的处理	计算机	安装 Photoshop CC 软件，基本的输入法
综合设计	计算机	安装 Photoshop CC 软件，基本的输入法

2. 课程资源的开发与利用

（1）教材的选用或编写建议

刘宏、张昉，《Photoshop CC 平面设计》，北京理工大学出版社，2018。

（2）推荐的教学参考资料

亿瑞设计，《Photoshop CC 中文版：平面设计从入门到精通》，清华大学出版社，2017。

（3）教学软件

Photoshop CC。

（4）主要参考网站

①潭州课堂：http：//sem. shiguangkey. com。

②PS 教程自学网：http：//www. 16xx8. com。

③51 视频学院：http：//www. 51shiping. com。

3. 课程考核与评价

（1）评价考核方式

本课程考核评价采取多元考核和多层次考核方式。

①平时成绩（占50%）：包括考勤（占10%）、课堂表现（占10%）、子项目成果（占20%）、行业标准执行情况（占10%）。这部分成绩由教师和小组成员考核学生的学习态度、掌握知识和技能的能力、自学能力，以及考查学生就业岗位所需要的职业素养养成情况。

②期末成绩（占40%）：包括广告设计的总体设计效果（占30%）、海报设计的总体设计效果（占40%）、包装设计的总体设计效果（占30%）。这部分成绩由行业在校兼职教师和教授课程的教师共同考核，考查学生对就业岗位的行业标准的熟悉程度以及运用软件独立完成工作任务的能力。

③最终报告（占10%）。

（2）评价考核标准

①项目设计贯穿整个学期，每次课完成子课题的任务。

项目编号	内容	分值
1	作品能够实现大作业所要求的主要功能	20
2	页面规范、美观，布局合理	10
3	作品用到的技术的全面性	20
4	自主设计部分质量、数量情况	30
5	用到了课堂外的方法、技术	10
6	拓展情况	10

注：以上各项依照上交的作品给分数，若没按照内容要求做的，直到该项分数扣完为止。

②最终报告的评分标准

项目编号	内容	分值
1	书写认真，语句规范，表达严谨	20
2	涉及上课介绍的主要技巧要点	40
3	个人使用过程中总结的技巧要点	40

注：报告要求独立完成，若发现抄袭情况，直接扣为零分。

数字图像处理课程标准

一、课程基本信息

课程名称	数字图像处理	课　时	108
适用专业	多媒体专业、动漫专业	先修课程	美术基础、平面构成
课程代码		后续课程	平面美工课程、影视剪辑技术、Maya 影视动画制作、3d Max 三维动画制作、Flash 二维动画制作
编 制 人	谷冰、王连军、姚学峰、毕兰兰、邓晓新、张可为、曹硕、褚宁、刘钟、陈威宇、高红	制定日期	2017. 11

二、课程概述

1. 课程性质

本课程是多媒体专业和动漫专业的专业核心课程，是多媒体专业和动漫专业专业的必修课（或选修课），是校企合作开发的基于工作过程的课程。

2. 课程作用

通过本课程学习，学生能完成 Photoshop 图像调色、图像合成、图像拼接、图像修复等岗位上的处理图像的各项任务，能熟练使用 Illustrator 的常用功能绘制简单的矢量图形，能将矢量图形加工处理成新的素材，能制作一些常见的文字或图形特效，能制作一些基本的设计案例，能进行平面设计、企业形象设计、包装设计、技术插图或制版印刷设计，为毕业后从事相关专业岗位工作打下坚实的基础。

3. 课程设计思路

在进行课程设计的过程中，基于以下几个方面的思路：

（1）以工作过程为导向，采取项目教学方法，课程设计将面向工作过程的项目教学、任务驱动教学、案例教学的教学思想融为一体，不追求形式上的项目教学、任务驱动教学或案例教学，而是重点体现项目教学法、任务驱动教学法、案例教学法的精神实质。本课程将图形图像处理视为一个整体项目过程，打破传统图像处理教学的条块界限，将从图片处理到广告制作的实际项目过程作为课程的教学主线。

（2）坚持以就业为导向，以培养学生职业能力为根本，将提高学生的就业竞争力和综合素质作为课程教学的根本目标。

（3）坚持从教学设计入手，综合考虑与课程相关的各种因素，追求教学效果的系统最优，将各个教学环节作为课程教学系统的一个部分来对待，将本课程的教学作为专业教学中的一个环节来对待，处理好与前导后续课程的关系。

（4）全面而准确地理解"工学结合"的办学模式，从本课程的实际出发，找准"工学结合"的切入点。与多家企业合作共同开发项目，将真实项目作为本课程"工学结合"的关键，一方面通过实施项目提高教师的能力，为教学提供丰富的资源，另一方面尽量让学生参与项目，提高学生的自主学习、自主实践、服务社会的能力，全面锻炼学生的实践技能、沟通能力、团队合作能力和跟踪新技术的能力。

4. 教学的设计思想与效果

（1）教学目标

本课程的总体目标是培养和提高学生图像处理和广告制作的动手能力、分析能力和综合能力。

（2）内容安排

Photoshop 课程分成 12 个常用的部分，分别是 Photoshop 概述、选择和移动工具、绘画工具的妙用、渐变和填充工具、其他工具、路径和图形工具、文字工具、图层、通道和蒙板、图像调整和照片修复、滤镜、文件存储。

Illustrator 课程分成 13 个常用的部分，分别是 Illustrator 入门、画板、视图与辅助工具、基本绘画工具的使用、其他图形的绘制、颜色填充与描边、上色与填充、对象的选择与编辑、画笔工具的使用、文字工具的使用、图表设计与编辑、图形的样式和艺术效果、符号功能简介、文档的输出与其他功能。

三、课程目标

1. 知识目标

（1）了解图像处理的流程。

（2）了解广告的设计与制作方法。

（3）掌握图像的各种合成技术。

（4）掌握图像修复的各种方法。

（5）掌握图像调色的方式方法。

2. 能力目标

（1）熟练掌握图片处理过程和广告的制作流程。

（2）掌握图像处理中文字处理效果。

（3）能够运用软件制作平面设计作品。

（4）能够运用软件制作各类广告和包装产品。

（5）培养艺术作品鉴赏能力和审美能力。

3. 素质目标

（1）具有人际交往及沟通的能力。

（2）具有团队协作精神和公共关系处理的能力。

（3）具有自学能力、获取信息的能力，以及一定的组织、管理能力。

（4）具有敬业爱岗的职业意识和良好的职业道德意识。

四、课程内容设计

序号	项目/模块名称	任务/单元编号、名称	教学目标	教学方法、手段	学时
1	Photoshop 概述	1–1 Photoshop 软件介绍和基本操作 1–2 画面颜色基本操作	1. 掌握设计中的基本概念 2. 认识软件的工作界面 3. 掌握画面颜色的设置方法	案例分析法、发现法、实践法、对比法	2
2	选择和移动工具	2–1 选择区域工具 2–2 编辑选区 2–3 移动工具和图像变形操作	1. 掌握选择区域工具的使用方法 2. 熟练规则选区和不规则选区的编辑和使用 3. 掌握移动工具的使用方法 4. 熟悉图像自由变换的操作	案例分析法、发现法、实践法、对比法	6
3	绘画工具的妙用	3–1 画笔工具的使用 3–2 图章工具、历史记录工具	1. 掌握画笔工具的使用方法 2. 能够运用画笔工具绘制完整图画 3. 掌握仿制图章工具、图案图章工具的使用方法	案例分析法、发现法、实践法、对比法	6

续表

序号	项目/模块名称	任务/单元编号、名称	教学目标	教学方法、手段	学时
4	渐变和填充工具	4－1　渐变工具 4－2　建立与编辑渐变 4－3　渐变综合应用	1. 掌握渐变工具的使用方法 2. 掌握渐变工具的编辑方法 3. 能够运用渐变工具完成各种效果	案例分析法、发现法、实践法、对比法	8
5	其他工具	5－1　裁切工具、切片工具、视图工具 5－2　模糊、锐化和涂抹、减淡、加深	1. 掌握裁切工具和视图工具的使用方法 2. 掌握模糊工具、锐化和涂抹等工具的使用方法	案例分析法、发现法、实践法、对比法	2
6	路径和图形工具	6－1　钢笔工具的使用 6－2　其他路径工具应用	1. 能够运用钢笔工具进行绘画和抠像 2. 能够运用其他路径工具绘制图像	案例分析法、发现法、实践法、对比法	8
7	文字工具	7－1　文字工具基本应用 7－2　特效字的制作	1. 掌握文字工具的使用方法 2. 能够运用文字工具进行特效字制作	案例分析法、发现法、实践法、对比法	6
8	图层	8－1　图层面板 8－2　图层混合模式和图层样式 8－3　编辑图层和图层类型	1. 了解图层面板中的各项功能 2. 掌握图层模式和图层样式的使用方法 3. 掌握图层的各种类型	案例分析法、发现法、实践法、对比法	8
9	通道和蒙板	9－1　通道编辑和应用 9－2　蒙板编辑和应用	1. 掌握通道的使用方法 2. 掌握蒙板的使用方法	案例分析法、发现法、实践法、对比法	8

序号	项目/模块名称	任务/单元编号、名称	教学目标	教学方法、手段	学时
10	图像调整和照片修复	10-1 图像颜色的调整 10-2 图像的修复	1. 了解图像调整的各种模式 2. 掌握图像修复的方法	案例分析法、发现法、实践法、对比法	6
11	滤镜	11-1 扭曲、杂色、模糊、锐化 11-2 渲染、像素化、风格化等	1. 掌握滤镜基本的使用方法 2. 能够运用滤镜制作各类特效	案例分析法、发现法、实践法、对比法	4
12	文件存储	12-1 基本存储 12-2 导入、导出格式	1. 掌握文件基本存储的方法 2. 掌握文件的导入和导出方法	案例分析法、发现法、实践法、对比法	2
13	Illustrator入门	13-1 操作术语说明 13-2 平面设计的基本概念 13-3 软件的基本功能 13-4 文档的导入与输出	1. 掌握操作的基本术语 2. 认识软件的工作界面 3. 掌握平面设计的基本概念 4. 掌握软件的基本功能 5. 掌握文档的导入和导出方法	案例分析法、发现法、实践法、对比法	4
14	画板、视图与辅助工具	14-1 图像编辑区 14-2 指定用于裁切或对齐的裁切标记 14-3 测量工具的使用 14-4 网格与参考线	1. 掌握图像编辑区的使用 2. 掌握如何使用裁切标记 3. 掌握测量工具的使用方法 4. 掌握网格工具的使用方法	案例分析法、发现法、实践法、对比法	4

续表

序号	项目/模块名称	任务/单元编号、名称	教学目标	教学方法、手段	学时
15	基本绘画工具的使用	15－1　简单线条工具的使用 15－2　网格形状工具 15－3　矩形与多边形工具组 15－4　基本绘图工具快捷键	1. 掌握线条工具的使用方法 2. 掌握网格形状工具的使用方法 3. 掌握基本绘画工具的使用方法 4. 掌握绘图工具的快捷键使用方法	案例分析法、发现法、实践法、对比法	4
16	其他图形的绘制	16－1　路径工具的使用 16－2　编辑路径与锚点 16－3　画稿的临摹 16－4　实战演练：位图转矢量图	1. 掌握路径工具的使用方法 2. 掌握如何编辑路径 3. 掌握图画临摹的方法 4. 掌握位图与矢量图的相互转换方法	案例分析法、发现法、实践法、对比法	4
17	颜色填充与描边	17－1　颜色模式与颜色控件 17－2　填充和描边控件 17－3　颜色工具及面板 17－4　命题设计实战演练	1. 掌握颜色模式概念 2. 掌握填充的各类方法 3. 掌握颜色工具的使用方法 4. 能够进行实例制作	案例分析法、发现法、实践法、对比法	4
18	上色与填充	18－1　实时上色 18－2　混合对象 18－3　图案填充 18－4　实战演练	1. 掌握实时上色的使用方法 2. 掌握混合对象的使用方法 3. 掌握图案填充工具的使用方法 4. 能够进行实例制作	案例分析法、发现法、实践法、对比法	4

序号	项目/模块名称	任务/单元编号、名称	教学目标	教学方法、手段	学时
19	对象的选择与编辑	19－1 对象的选择 19－2 对象的移动、对齐和分布 19－3 对象的变换与变形	1. 掌握对象的选择方法 2. 掌握对象对齐和分布的方法 3. 掌握对象的变换和变形方法	案例分析法、发现法、实践法、对比法	4
20	画笔工具的使用	20－1 图案画笔使用 20－2 各类画笔工具使用	1. 掌握画笔工具的使用方法 2. 能够运用画笔工具进行图像绘画	案例分析法、发现法、实践法、对比法	2
21	文字工具的使用	21－1 文字工具组 21－2 字符样式编辑 21－3 段落样式编辑	1. 掌握文字的创建方法 2. 掌握如何设置文字的样式 3. 掌握大段文字的编辑方法	案例分析法、发现法、实践法、对比法	4
22	图表设计与编辑	22－1 图表的创建 22－2 图表样式设计	1. 掌握图表制作方法 2. 掌握图表样式设计方法	案例分析法、发现法、实践法、对比法	2
23	图形的样式和艺术效果	23－1 图形样式 23－2 图形的艺术效果	1. 掌握图形样式制作 2. 掌握图形艺术效果的制作	案例分析法、发现法、实践法、对比法	2
24	符号功能简介	符号库	掌握符号的使用方法	案例分析法、发现法、实践法、对比法	2
25	文档的输出与其他功能	25－1 批量处理与自动化 25－2 印前设置与打印	1. 掌握批处理方法 2. 掌握印前设置参数	案例分析法、发现法、实践法、对比法	2

五、课程实施保障

1. 教学条件

项目/模块名称	仪器设备名称	功能要求
Photoshop 概述	计算机	Windows 7 操作系统，i7，5G 内存，500G 硬盘，Photoshop、AI 软件
选择和移动工具	计算机	Windows 7 操作系统，i7，5G 内存，500G 硬盘，Photoshop、AI 软件
绘画工具的妙用	计算机	Windows 7 操作系统，i7，5G 内存，500G 硬盘，Photoshop、AI 软件
渐变和填充工具	计算机	Windows 7 操作系统，i7，5G 内存，500G 硬盘，Photoshop、AI 软件
其他工具	计算机	Windows 7 操作系统，i7，5G 内存，500G 硬盘，Photoshop、AI 软件
路径和图形工具	计算机	Windows 7 操作系统，i7，5G 内存，500G 硬盘，Photoshop、AI 软件
文字工具	计算机	Windows 7 操作系统，i7，5G 内存，500G 硬盘，Photoshop、AI 软件
图层	计算机	Windows 7 操作系统，i7，5G 内存，500G 硬盘，Photoshop、AI 软件
通道和蒙板	计算机	Windows 7 操作系统，i7，5G 内存，500G 硬盘，Photoshop、AI 软件
图像调整和照片修复	计算机	Windows 7 操作系统，i7，5G 内存，500G 硬盘，Photoshop、AI 软件
滤镜	计算机	Windows 7 操作系统，i7，5G 内存，500G 硬盘，Photoshop、AI 软件
文件存储	计算机	Windows 7 操作系统，i7，5G 内存，500G 硬盘，Photoshop、AI 软件
Illustrator 入门	计算机	Windows 7 操作系统，i7，5G 内存，500G 硬盘，Photoshop、AI 软件
画板、视图与辅助工具	计算机	Windows 7 操作系统，i7，5G 内存，500G 硬盘，Photoshop、AI 软件
基本绘画工具的使用	计算机	Windows 7 操作系统，i7，5G 内存，500G 硬盘，Photoshop、AI 软件

项目/模块名称	仪器设备名称	功能要求
其他图形的绘制	计算机	Windows 7 操作系统，i7，5G 内存，500G 硬盘，Photoshop、AI 软件
颜色填充与描边	计算机	Windows 7 操作系统，i7，5G 内存，500G 硬盘，Photoshop、AI 软件
上色与填充	计算机	Windows 7 操作系统，i7，5G 内存，500G 硬盘，Photoshop、AI 软件
对象的选择与编辑	计算机	Windows 7 操作系统，i7，5G 内存，500G 硬盘，Photoshop、AI 软件
画笔工具的使用	计算机	Windows 7 操作系统，i7，5G 内存，500G 硬盘，Photoshop、AI 软件
文字工具的使用	计算机	Windows 7 操作系统，i7，5G 内存，500G 硬盘，Photoshop、AI 软件
图表设计与编辑	计算机	Windows 7 操作系统，i7，5G 内存，500G 硬盘，Photoshop、AI 软件
图形的样式和艺术效果	计算机	Windows 7 操作系统，i7，5G 内存，500G 硬盘，Photoshop、AI 软件
符号功能简介	计算机	Windows 7 操作系统，i7，5G 内存，500G 硬盘，Photoshop、AI 软件
文档的输出与其他功能	计算机	Windows 7 操作系统，i7，5G 内存，500G 硬盘，Photoshop、AI 软件

2. 课程资源的开发与利用

（1）教材的选用或编写建议

谷冰、姚学峰，《玩转 Photoshop 项目教程》，西安交通大学出版社，2017。

（2）推荐的教学参考资料

①曹磊、张明玲、胡锦文，《中文版 Photoshop 平面设计典型商业案例》，电子工业出版社，2006。

②刘玉珊，《中文版 Photoshop 平面设计与创意大讲堂》，清华大学出版社，2000。

③吴华堂、祝恒威、陶卫丽，《中文版 Illustrator CC 艺术设计精粹案例教程》，中国青年出版社，2015。

④［美］Adobe 公司著，武传海译，《Adobe Illustrator CS6 中文版经典教程》，人民邮电出版社，2014。

⑤李东博,《Illustrator CS6 完全自学手册》,清华大学出版社,2013。

3. 课程考核与评价

考核方法一:

(1) 考核内容及方式

考核形式:每人一台 PC。

考核时间:90 分钟。

考核内容:在规定时间内完成所要求制作的内容。

(2) 成绩评定标准

总成绩 = 平时成绩 ×60% + 期末成绩 ×40%。

平时成绩 = 平时表现(出勤率和表现)×15% + 课堂笔记 ×10% + 课内作业 ×15% + 课后作业 ×20%。

期末成绩评定标准:

① 90 ~ 100 分:在 90 分钟内完成作品,构图完整合理,色彩搭配清晰美观,制作画面精致,视觉冲击力强。

②80 ~ 90 分:在 90 分钟内完成作品,构图基本合理,色彩搭配比较美观,制作画面较精致,视觉冲击力较强。

③70 ~ 80 分:在 90 分钟内基本完成作品,构图基本合理,色彩搭配一般,制作画面完整,视觉冲击力一般。

④60 ~ 70 分:在 90 分钟内完成大部分作品,构图一般,色彩搭配一般,制作画面较完整,视觉冲击力稍差,画面整体没有错误。

⑤60 分以下:在 90 分钟内未完成作品,在构图和色彩搭配方面看不出遵循了任何原则或出现明显的错误,作品不具有任何表现力和感染力,画面有明显错误。

考核方法二:

结合学校各类实际项目进行考核和评价。

视频文件处理技术课程标准

一、课程基本信息

课程名称	视频文件处理技术	课　　时	60
适用专业	数字媒体应用技术、动漫设计	先修课程	电视节目制作
课程代码		后续课程	影视特效制作（After Effects）
编 制 人	李丹、徐冰、杜晓军、刘旭、周玉纯、陈磊、李坤、张勇	制定日期	2017.8

二、课程概述

1. 课程性质

本课程是高职高专媒体设计类专业的专业核心课程，是涉及视频处理技术等专业的必修课（或选修课），是校企合作开发的基于工作过程的课程。其主要任务是培养学生的动手能力和提高学生对视频剪辑、合成等技术的认识，使学生掌握 Premiere 的基本操作和影视理论基础知识，掌握各种视频处理工具的使用，熟练使用关键帧、视频转场、视频特效等进行视频处理，把学生培养成计算机视频处理技术方面的高素质应用型人才。

2. 课程作用

本课程依据高职高专《数字媒体艺术专业人才培养方案》以及"多媒体制作设计员"职业资格标准的要求而设计。本课程对学生职业能力培养和职业素养养成起主要促进作用。通过本课程学习，学生能够完成影视广告公司节目编辑岗位上的视频剪辑与编辑任务，能够分析视频处理过程中遇到的剪辑问题，解决实际工作中出现的视频编辑问题，养成良好的职业道德素养；为以后就业打下坚实的基础，甚至可以自己创业，创办数码影视制作公司。

3. 课程设计思路

本课程针对行业特点，设计学习情景，推进"实训室课堂"与"理论与实践"相结合的教学模式改革，以真实项目为导向，整合、序化教学内容。通过本课程的学习，学生能够掌握影视剪辑的基本知识、基本理论以及剪辑技巧，以理论为前提，实践为目标，技术为手段，用理论指导剪辑实践，达到剪辑技术和艺术的完美结合，最终提高影视片剪辑水平。本课程充分考虑了高等职业教育对理论知识学习的需要，融合了相关职业资格证书对知识、技能和态度的要求，课程充分开发学习资源，给学生提供丰富的实践机会，通过理论与实践相结合，重点培养学生的职业能力。

三、课程目标

1. 知识目标

（1）了解视频非线性编辑的概念、特点、发展历程及一般工作流程。

（2）了解 Premiere 的用途、特点及安装要求。

（3）了解视频非线性编辑的常用术语。

（4）了解视频非线性编辑的艺术指导原则。

（5）了解 Premiere 中可以编辑的素材格式及特点。

（6）掌握素材组织的方法。

（7）掌握 Premiere 的下载和安装方法。

（8）掌握 Premiere 的工作界面、菜单、工具面板以及各种控制面板的布局方式和使用方法。

（9）掌握在 Premiere 中导入素材的方法。

（10）掌握在 Premiere 中创建蒙板的方法。

（11）掌握 Premiere 字幕设计器的使用。

（12）掌握视频基本编辑方法。

（13）掌握向素材片断添加转场效果，在效果控制面板中设置转场参数的方法。

（14）掌握视频运动的设置方法。

（15）掌握向视频片断添加特效的方法。

（16）掌握视频叠加和抠像的方法。

（17）掌握 Premiere 中音频的处理方法。

（18）掌握 DVD 光盘的制作方法。

（19）掌握视频压缩与视频输出方法。

2. 能力目标

（1）能够领会客户意图，撰写文稿和分镜头稿本，培养创造力和想象力，养成探究的习惯，不断提高独立解决问题的能力。

（2）熟练进行素材采集，并对素材进行处理。

（3）能为影片添加转场、特技、字幕和音乐。

（4）会根据作品的使用要求输出适当的视频格式。

（5）能够根据要求制作出用户满意的各类作品，作品中要有自己的构思和创意。

3. 素质目标

（1）热爱影视制作艺术，对待工作精益求精，具有吃苦耐劳的精神。

（2）具有较好的团队合作精神，严于律己，宽以待人，善于交流沟通。

（3）自学能力强，紧跟技术发展的最新动态，对工作中遇到的挫折和困难不畏惧，能够主动寻求解决问题的方法。

（4）培养社会责任心和环境保护意识。

（5）提升语言及文字表达能力。

（6）具有决策能力和执行能力。

（7）具有利用网络、文献等获取信息的能力。

（8）培养自我控制与管理能力。

（9）培养制定工作计划的能力。

（10）培养评估工作结果（自我、他人）的能力。

四、课程内容设计

序号	项目/模块名称	任务/单元编号、名称	教学目标	教学方法、手段	学时
1	视频文件编辑基础	1-1 视频文件处理概述 1-2 视频压缩标准 1-3 镜头组接的基本知识 1-4 视频色彩概述	1. 了解视频编辑的基础知识和一般工作流程 2. 了解影视中的专业信号种类、电视制式、文件格式和专业知识 3. 掌握镜头组接的基本知识 4. 了解视频色彩的构成及基本原理	案例分析法、任务驱动法	2
2	Premiere Pro CC 2017 的基础知识	2-1 Premiere Pro CC 系统要求以及安装 2-2 Premiere Pro CC 2017 的操作界面 2-3 创建新项目 2-4 素材管理 2-5 设置"首选项"对话框	1. 掌握几种采集、导入和管理素材的方法 2. 掌握 Premiere Pro CC 2017 的操作界面的构成及布局 3. 掌握项目文件的创建与编辑技术 4. 掌握素材文件的基本操作（导入、查看、编组、嵌套） 5. 掌握设置"首选项"对话框	项目导向法、任务驱动法、案例分析法、启发式和交互式教学、现场教学（理实一体化）	2

续表

序号	项目/模块名称	任务/单元编号、名称	教学目标	教学方法、手段	学时
3	编辑技术基础	3-1 视频素材文件的编辑基本方法 3-2 视频编辑高级技巧	1. 掌握时间线的使用 2. 掌握关键帧的编辑技巧 3. 掌握运动效果的创建和编辑 4. 掌握素材显示方式的设置方法，素材入点、出点、标记的设置 5. 掌握常用工具的使用方法（选择工具、剃刀工具、滑动工具、比率拉伸工具、波纹编辑工具、轨道选择工具、滚动编辑工具等）	项目导向法、任务驱动法、案例分析法、启发式和交互式教学、现场教学（理实一体化）	4
4	视频转场技术	4-1 视频转场概述 4-2 添加与编辑视频转场 4-3 视频转场特效	1. 了解视频转场的概念、分类和应用 2. 掌握视频转场效果添加的方法以及视频转场效果的替换和删除技巧 3. 掌握视频转场效果属性的设置方法 4. 掌握常用的视频转场的使用场合和操作技巧（双侧平推门转场效果、向上折叠转场效果、交叉伸展转场效果、交叉旋转转场效果、三维转场效果等）	项目导向法、任务驱动法、案例分析法、启发式和交互式教学、现场教学（理实一体化）	8
5	视频特效技术	5-1 视频特效概述 5-2 视频特效应用	1. 掌握视频特效的基本操作技巧（单个和多个视频特效添加方法，视频特效的复制、粘贴与删除） 2. 掌握视频特效的参数设置方法（对话框参数的设置和特效控件参数的设置） 3. 掌握常用视频特效的使用场合和操作技巧（高斯模糊特效、镜头光晕特效、彩色浮雕特效、闪电特效等）	项目导向法、任务驱动法、案例分析法、启发式和交互式教学、现场教学（理实一体化）	16
6	音频编辑技术	6-1 音频轨道的基本操作 6-2 编辑音频 6-3 音轨混合器 6-4 音频特效	1. 了解音频的基础知识 2. 掌握音频轨道的使用 3. 掌握音频转场与特效的使用	项目导向法、任务驱动法、案例分析法、启发式和交互式教学、现场教学（理实一体化）	8

序号	项目/模块名称	任务/单元编号、名称	教学目标	教学方法、手段	学时
7	字幕技术	7－1　静态字幕设计 7－2　动态字幕设计 7－3　字幕样式和模板的应用 7－4　字幕对象的编辑	1. 掌握字幕窗口使用 2. 掌握静态字幕与动态字幕的设计技巧 3. 灵活掌握应用字幕样式和使用模板 4. 掌握字幕对象的排列与对齐	项目导向法、任务驱动法、案例分析法、启发式和交互式教学、现场教学（理实一体化）	8
8	视频色彩特效	8－1　视频色彩基础 8－2　视频色彩技术	1. 了解色彩的基础知识（色相、饱和度、亮度、RGB 色彩模式、CMYK 色彩模式、灰度模式、Lab 色彩模式等） 2. 掌握校正影视色彩的方法（校正 RGB 曲线、校正亮度与对比度、校正更改颜色、校正分色效果等） 3. 掌握影视色彩的高级校正方法（自动颜色、色阶和对比度、光照效果、阴影/高光）	项目导向法、任务驱动法、案例分析法、启发式和交互式教学、现场教学（理实一体化）	8
9	视频输出技术	9－1　视频的参数 9－2　影片导出参数 9－3　章节标记 9－4　视频导出	1. 掌握视频参数的设置方法 2. 掌握设置影片导出参数的方法 3. 掌握使用章节标记的方法 4. 掌握导出影视文件的方法	项目导向法、任务驱动法、案例分析法、启发式和交互式教学、现场教学（理实一体化）	4

五、课程实施保障

1. 教学条件

（1）仪器设备名称：多媒体投影仪、音箱和计算机。计算机要求能够安装 Adobe Premiere Pro CC 2017，并能够运行。

（2）Adobe Premiere Pro CC 2017 系统安装与运行的要求：

①Microsoft Windows 7 Service Pack 1（64 位）或 Windows 8（64 位）或 Windows 10（64 位）。

②8 GB RAM（建议 16 GB）或 8 GB 可用硬盘空间。

③安装过程中需要额外可用空间（无法安装在可移动闪存设备上）。

④1280 × 800 显示器，ASIO 或 Microsoft Windows Driver Model 兼容声卡，

Adobe 推荐的 GPU 卡，用于实现 GPU 加速性能。

⑤必须具备 Internet 连接并完成注册，才能激活软件、验证订阅和访问在线服务。

2. 课程资源的开发与利用

（1）教材的选用或编写建议

杨力，《Premiere Pro CC 从入门到精通》，中国铁道出版社，2014。

（2）推荐的教学参考资料

张书艳、张亚利，《Premiere Pro CC 2015 影视编辑从新手到高手》，清华大学出版社，2016。

（3）教学软件

Adobe Premiere Pro CC 2017。

（4）主要参考网站

①Adobe 官方网站：http：//www. adobe. com。

②渤海船舶职业学院在线教育综合平台：http：//jpkc. bhcy. cn。

3. 课程考核与评价

（1）评价考核方式

本课程采用综合考核的方式。

综合考核 = 形成性评价×20% + 项目评价×50% + 综合评价×30%

（2）评价考核标准

①平时表现（占20%）：包括课堂学习态度、出勤情况及作业完成情况。

②学习效果（占20%）：包括相关比赛参与、获奖情况以及相关职业资格认证资格获取情况。

③平时项目（占50%）：其评分细则如下表：

项目序号	教学项目名称	分值	占总分比例（总分为50分）
1	视频文件编辑基础	4	8%
2	Premiere Pro CC 2017 的基础知识	4	8%
3	编辑技术基础	6	12%
4	视频转场技术	8	16%
5	视频特效技术	8	16%
6	音频编辑技术	4	8%
7	字幕技术	4	8%
8	视频色彩特效	4	8%
9	视频输出技术	8	16%

④其他考核（占10%）。

校外实训（习）基地利用：需要去企业实际考察、参观、了解影视后期剪辑技术的具体使用，体验团队合作过程，培养职业素养。

UI 设计与制作课程标准

一、课程基本信息

课程名称	UI 设计与制作	课 时	64
适用专业	物联网应用技术、移动应用开发、计算机应用技术、软件技术、软件与信息服务、数字媒体应用技术	先修课程	计算机应用技术等
课程代码		后续课程	程序设计
编 制 人	陈斌、孙伟、李博、张文娇、王莎莎、直敏、马秀明	制定日期	2017.9

二、课程概述

1. 课程性质

本课程是软件技术、软件与信息服务、数字媒体应用技术专业的专业核心课程，是物联网应用技术、移动应用开发专业的必修课。

2. 课程作用

UI 设计与制作课程符合软件技术、软件与信息服务、数字媒体应用技术、物联网应用技术、移动应用开发等专业在应用软件开发岗位的任职要求；UI 是用户使用软件产品的环境，是软件组成的必要元素，UI 的设计与制作能力是软件开发的必备能力，是软件编码设计的外观框架，是构成软件开发工作岗位的必备能力要求。

通过本课程学习，学生能够完成软件设计岗位上的软件界面（网页设计、软件界面、移动端界面设计）设计任务，培养根据客户需求设计软件界面、给程序员导出图片、设计启动图标的能力，养成良好的团队协作习惯，为网页设计、软件界面、移动端界面设计打下坚实的基础。

3. 课程设计思路

针对课程教学内容资源媒体形式单一，不适合学生自主学习，知识点化设计不足，教学内容资源之间可组织性差，不适合教师根据自身需求进行二次构建教学过程，难以有效进行课堂教学形式与方式的革新等特点，本课程通过设计教学资源媒体的易用性，为学生的学习提供不择环境极易使用的、内容知识点化设计的、具有可二次组织的教学内容资源，培养并训练学生的自主学习能力，为教师灵活选择教法、组织教学过程提供条件，促进教学方式、学习方法的变革。

三、课程目标

1. 知识目标

（1）知道 UI 的设计流程。

（2）了解 UI 的行业发展前景，设计所必备的技能，图形界面的发展历程。

（3）理解色彩与平面构成在设计中的运用，软件启动界面的设计原则，软件面板设计原则，软件界面设计风格理论。

（4）掌握软件启动界面的设计制作标准与过程，掌握软件面板设计制作标准与过程。

2. 能力目标

（1）能够完成启动图标、软件启动界面、软件界面的制作。

（2）具有较好的理论素养，具有设计风格化启动图标、软件启动界面、软件界面制作能力。

（3）会熟练地运用色彩、构成理论、平面开发设计工具，设计出充分体现用户需求与个性化特点的 UI 产品。

3. 素质目标

（1）职业道德：艺术文化（色彩、平面与立体构成、认知心理学、文化的艺术体现）素养在本课程有机地融合，较好地培养学生的审美能力与思想情操。

（2）职业素质：本课程的学习旨在培养学生良好的遵循标准、读懂需求、严格遵照流程的设计制作习惯。

（3）职业规范：教学案例由通识性技术案例设计（制作技术）、工业产品级案例设计（制作技术）组成，即由严格标准化案例设计组成，与产品"零距离"。

四、课程内容设计

序号	项目/模块名称	任务/单元 编号、名称	教学目标	教学方法、手段	学时
1	图标实训	1－1　简约图标制作 1－2　拟物化图标制作 1－3　扁平化图标制作 1－4　图标设计知识阅读 1－5　阅读测试	1. 了解图标设计知识 2. 掌握三种风格图标制作过程	任务驱动法、讲授法	6
2	按钮实训	2－1　单选按钮制作 2－2　滑块按钮制作 2－3　按钮知识阅读 2－4　阅读测试	1. 了解按钮设计知识 2. 掌握滑块按钮与单选按钮的制作过程	任务驱动法、讲授法	6
3	菜单与工具栏实训	3－1　菜单制作 3－2　工具栏制作 3－3　菜单与工具栏知识阅读 3－4　阅读测试	1. 了解菜单与工具栏设计知识 2. 掌握滑动菜单与工具栏的制作过程	任务驱动法、讲授法	4
4	软件启动界面设计实训	4－1　软件启动界面制作 4－2　启动界面知识阅读 4－3　阅读测试	1. 了解软件启动界面知识 2. 掌握启动界面制作过程	任务驱动法、讲授法	4
5	应用软件界面设计实训	5－1　传统软件界面制作 5－2　扁平化软件界面制作 5－3　极简风格软件界面制作 5－4　软件面板设计知识阅读 5－5　阅读测试	1. 了解软件面板设计知识 2. 掌握三种软件界面制作过程 3. 会运用色彩、平面与立体构成知识、设计工具软件设计出具有风格化界面的能力	任务驱动法、讲授法	10

续表

序号	项目/模块名称	任务/单元编号、名称	教学目标	教学方法、手段	学时
6	iOS 界面元素设计实训	6 – 1　iOS 图标制作 6 – 2　iOS 按钮制作 6 – 3　iOS 工具栏制作 6 – 4　iOS 标签制作	掌握 iOS 界面设计标准，熟练完成 4 种界面元素的制作与切图发布	任务驱动法、讲授法	10
7	Android 系统界面元素设计实训	7 – 1　Android 图标制作 7 – 2　Android 按钮制作 7 – 3　Android 工具栏制作 7 – 4　Android 标签制作	掌握 Android 界面设计标准，熟练完成 4 种界面元素的制作与切图发布	任务驱动法、讲授法	10
8	了解 UI 行业阅读	8 – 1　UI 名词的由来 8 – 2　UI 分类	了解行业知识与背景，理解 UI 岗位工作内容与流程	讲授法、讨论法	2
9	图形界面的历史阅读	9 – 1　Windows 概述 9 – 2　Linux 概述	了解并认识图形界面与操作环境的关系，理解图形界面构成的基本元素	讲授法、讨论法	2
10	手机操作系统阅读	10 – 1　iOS 苹果操作系统概述 10 – 2　Android 操作系统概述	了解并认识两种手机操作界面的设计特点与不同	讲授法、讨论法	4
11	UI 行业发展前景阅读	UI 行业发展前景	了解 UI 行业发展前景，理解 UI 的工作性质与特点	讲授法、讨论法	2
12	UI 常用设计软件阅读	UI 常用设计软件	熟悉并认识软件工具的使用	讲授法、讨论法	2
13	UI 设计师职业规划阅读	UI 设计师职业规划	明确职业方向与职业需求，确定岗位目标，坚定岗位信念	讲授法、讨论法	2

五、课程实施保障

1. 教学条件

项目/模块名称	仪器设备名称	功能要求
UI 视觉组件设计实训	计算机、投影仪	计算机硬件：i5 物理四核心，主频大于 2.5 GHZ，内存至少 8 GB，显存独立且至少 1 GB
应用软件界面设计实训		
移动 APP 界面设计实训		计算机软件：Photoshop 与 Cutterman 切图插件、Sketch 矢量设计工具

2. 课程资源的开发与利用

（1）教材的选用或编写建议

高振清、普星，《UI 设计》，北京理工大学出版社，2017。

（2）推荐的教学参考资料

①高金山，《UI 设计必修课：游戏 + 软件 + 网站 + APP 界面设计教程》，电子工业版社，2017。

②常丽，《潮流：UI 设计必修课》，人民邮电出版社，2015。

（3）教学软件

Photoshop、Cutterman、Sketch。

（4）主要参考网站

学 UI 网：http：//www.xueui.cn。

3. 课程考核与评价

（1）评价考核方式

本课程采用过程性评价考核方式。

（2）评价考核标准

序号	考核内容	考核点	考核实施	学时
1	图标实训（8分）	1. 简约图标制作（2分） 2. 拟物化图标制作（2分） 3. 扁平化图标制作（2分） 4. 图标设计知识阅读 5. 阅读测试（2分）	1. 阅读（1学时） 2. 测试讲解（1学时） 3. 制作（4学时）	6

续表

序号	考核内容	考核点	考核实施	学时
2	按钮实训（6分）	1. 单选按钮制作（2分） 2. 滑块按钮制作（2分） 3. 按钮知识阅读 4. 阅读测试（2分）	1. 阅读（1学时） 2. 测试讲解（1学时） 3. 制作（4学时）	6
3	菜单与工具栏实训（6分）	1. 菜单制作（2分） 2. 工具栏制作（2分） 3. 菜单与工具栏知识阅读 4. 阅读测试（2分）	1. 阅读（0.5学时） 2. 测试讲解（0.5学时） 3. 制作（3学时）	4
4	软件启动界面设计实训（4分）	1. 软件启动界面制作（2分） 2. 启动界面知识阅读 3. 阅读测试（2分）	1. 阅读（0.5学时） 2. 测试讲解（0.5学时） 3. 制作（3学时）	4
5	应用软件界面设计实训（8分）	1. 传统软件界面制作（2分） 2. 扁平化软件界面制作（2分） 3. 极简风格软件界面制作（2分） 4. 软件面板设计知识阅读 5. 阅读测试（2分）	1. 阅读（2学时） 2. 测试讲解（1学时） 3. 制作（7学时）	10
6	iOS界面元素设计实训（20分）	1. iOS图标制作（4分） 2. iOS按钮制作（4分） 3. iOS工具栏制作（4分） 4. iOS标签制作（4分） 5. iOS设计标准测试（4分）	1. 设计标准阅读（1.5学时） 2. 测试讲解（0.5学时） 3. 制作（8学时）	10
7	Android系统界面元素设计实训（20分）	1. Android图标制作（4分） 2. Android按钮制作（4分） 3. Android工具栏制作（4分） 4. Android标签制作（4分） 5. Android设计标准测试（4分）	1. 设计标准阅读（1.5学时） 2. 测试讲解（0.5学时） 3. 制作（8学时）	10
8	了解UI行业阅读（3分）			
9	图形界面的历史阅读（5分）			
10	手机操作系统阅读（5分）	阅读测试（28分）	1. 阅读讲解（10学时） 2. 测试（4学时）	14
11	UI行业发展前景阅读（3分）			
12	UI常用设计软件阅读（6分）			
13	UI设计师职业规划阅读（6分）			

数字媒体技术课程标准

一、课程基本信息

课程名称	数字媒体技术	课　　时	60
适用专业	数字媒体技术应用	先修课程	计算机应用基础
课程代码		后续课程	图像处理、非线性编辑、3ds Max、网页制作
编　制　人	顾兆旭、马伟楠、王洪海、孙超、张一豪、于双和	制定日期	2017. 10

二、课程概述

1. 课程性质

本课程是数字媒体技术应用专业的专业基础课，是数字媒体专业的必修课程。本课程系统地论述了数字媒体技术所涉及的研究内容、关键技术、应用领域和发展趋势，使学生能够全面了解数字媒体技术的基本知识、基本内容与基本方法，对整个数字媒体技术应用专业有一个系统的了解和认识。本课程是学生学习图片处理、影视后期制作、Maya 特效等课程的基础理论课。

2. 课程作用

本课程在数字媒体专业人才培养过程中处于专业基础的地位，对培养学生适应未来岗位的能力起到决定作用。课程介绍了数字媒体技术相关内容，还涉及数字媒体技术的应用和创作理论，符合高技能人才培养目标和数字媒体专业相关技术领域职业岗位（群）的任职要求。

通过本课程学习，学生可以了解数字媒体技术所涉及的研究内容、关键技术、应用领域和发展趋势，为面向当今信息化时代，从事数字媒体开发与数字传播工作打下坚实的基础。同时，本课程注重培养学生优良的职业道德，从而使学生能够完成数字媒体开发、音视频数字化、网页设计与网站维护、多媒体

设计制作、信息服务及数字媒体管理等岗位上的研究、开发和应用任务。

3. 课程设计思路

本课程在进行设计的过程中，基于以下几个方面的思路：

（1）以工作过程为导向的项目教学方法，将面向工作过程的项目教学、任务驱动教学、案例教学的教学思想融为一体。

（2）坚持以就业为导向，以培养学生职业能力为根本，将提高学生的就业竞争力和综合素质作为课程教学的根本目标。

（3）坚持从教学设计入手，综合考虑与课程相关的各种因素，追求教学效果的系统最优，将各个教学环节作为课程教学系统的一个部分来对待，将本课程的教学作为专业教学中的一个环节来对待，处理好与前导后续课程的关系。

（4）全面而准确地理解"工学结合"的办学模式，从本课程的实际出发，找准"工学结合"的切入点，与多家企业合作共同开发项目，将真实项目作为本课程"工学结合"的关键，一方面通过实施项目提高教师的能力，为教学提供丰富的资源，另一方面尽量让学生参与项目，提高学生的自主学习、自主实践、服务社会的能力，全面锻炼学生的实践技能、沟通能力、团队合作能力和跟踪新技术的能力。

（5）采用翻转课堂教学模式。翻转课堂的微课视频构建时间和空间的二维度课堂，作为一种新理念引入课堂中，让学生在课外时间完成针对知识和概念的自主学习，而课堂变成了老师和学生交流的场所，包括讨论交流、问题答疑、经验总结等活动，有效提升学生自主学习能力，开发学生的思考力和创新力，从而达到更好的教学效果。

三、课程目标

1. 知识目标

（1）了解数字媒体未来发展。

（2）理解数字媒体基础知识。

（3）理解图形、图像处理技术原理。

（4）理解多媒体数据的采集和编辑处理。

（5）掌握图像、音频、动画、网页多媒体实用技术。

（6）掌握数字媒体软件的基础操作。

2. 能力目标

（1）具有数字媒体压缩、解压缩能力。

（2）能用图像处理软件简单处理素材。

（3）会用音频处理软件简单处理音效。

（3）具有二维动画简单制作能力。

（4）具有视频非线性编辑基础能力。

（5）会制作简单的个人网页。

（6）能运用所学工具制作一个综合性作品。

3. 素质目标

（1）具有较强的数字媒体工具软件自我学习能力。

（2）具有自觉的规范意识、团队协作意识。

（3）具有使用多媒体工具及美工艺术的创新能力。

（4）能够运用系统性思维分析和解决数字媒体方面的问题。

（5）遵纪守法，爱岗敬业，具有良好的职业道德和职业形象。

（6）熟悉国家数字媒体制作规范。

四、课程内容设计

序号	项目/模块名称	任务/单元编号、名称	教学目标	教学方法、手段	学时
1	数字媒体技术概论	1-1 数字媒体及特性 1-2 数字媒体技术的研究领域	1. 掌握数字媒体的定义、传播模式和特性 2. 了解数字媒体的研究及应用开发领域 3. 培养专业学习能力	讲授法、演示法	4
2	数字音频技术基础	2-1 音频技术及特性 2-2 音频数字化 2-3 数字音频质量及格式 2-4 数字音频编辑技术 2-5 数字音频技术应用	1. 掌握音频技术的原理及特性 2. 了解 Audition 的应用及音频发展过程 3. 培养运用各种手段进行良好的表达和交流的能力	讲授法、演示法、任务驱动法	6
3	数字图像处理技术	3-1 图像颜色模型 3-2 彩色图像的线性变换 3-3 数字图像获取技术 3-4 图像创意设计与编辑技术 3-5 图像技术的应用	1. 掌握图像技术的数字化过程、图像文件的基本属性、Photoshop 的核心概念和基本操作 2. 了解数字图像获取技术 3. 培养美工艺术的能力	讲授法、演示法、任务驱动法	6

续表

序号	项目/模块名称	任务/单元编号、名称	教学目标	教学方法、手段	学时
4	数字视频与编辑	4-1 电视图像数字化 4-2 数字视频的获取 4-3 数字视频编辑技术 4-4 数字视频后期特效处理技术 4-5 数字视频处理技术	1. 掌握数字视频文件格式、数字视频获取方式及数字视频后期处理技术 2. 培养团队协作意识和协作能力	讲授法、演示法、任务驱动法	8
5	数字动画技术	5-1 二维动画技术 5-2 三维动画技术 5-3 数字动画创意与设计 5-4 数字动画技术应用	1. 了解动画的基本类型 2. 掌握二维动画和三维动画软件的操作，能创作短片动画 3. 培养创造性思维和批判性思维能力	讲授法、演示法、任务驱动法	6
6	数字媒体压缩技术	6-1 数据压缩及分类 6-2 通用数据压缩技术 6-3 数字媒体压缩基础	1. 掌握常用的压缩文件及压缩软件 2. 了解各种媒体数据压缩标准 3. 培养探索查阅知识的能力	讲授法、演示法、任务驱动法	4
7	数字游戏技术	7-1 数字游戏概述 7-2 数字游戏分类 7-3 数字游戏开发流程	1. 掌握数字游戏的特征和制作流程 2. 培养积极创新的能力和思考能力	讲授法、演示法、任务驱动法	8
8	虚拟现实技术	8-1 虚拟现实技术 8-2 虚拟现实技术的应用	1. 了解虚拟现实的发展 2. 掌握虚拟现实的应用和虚拟现实的应用软件 3. 培养积极主动学习思考和创新的能力	讲授法、演示法、任务驱动法	6
9	数字媒体艺术	9-1 数字媒体 9-2 数字媒体的发展 9-3 数字媒体产品 9-4 网络媒体产品	1. 掌握数字媒体和数字媒体产品 2. 培养理论联系实际、探索查阅知识的能力	讲授法、演示法、任务驱动法	4

五、课程实施保障

1. 教学条件

项目/模块名称	仪器设备名称	功能要求
数字音频技术	计算机	配置 MIDI 软件、计算机合成音乐
数字图像处理技术	计算机	配置 Photoshop 软件
数字视频与编辑	计算机	配置 Premiere 软件
数字动画技术	计算机	配置 Flash 软件
数字游戏技术	校外实训	到公司参观学习，课后讨论、总结
虚拟现实技术	校外实训	到公司参观学习，课后讨论、总结

2. 课程资源的开发与利用

（1）教材的选用或编写建议

陈洪等，《数字媒体技术概论》，北京邮电大学出版社，2015。

（2）推荐的教学参考资料

①曹育红等，《数字媒体导论》，暨南大学出版社，2010。

②丁向民，《数字媒体技术导论》，清华大学出版社，2012。

③［美］Jennifer Burg 著，王崇文等译，《数字媒体技术教程》，机械工业出版社，2015。

（3）教学软件

图像处理软件 PS、影视后期制作软件 PR、动画软件 Flash 或动画软件 3ds Max。

（4）主要参考网站

①中国数码视频在线：http：//www. chinadv. com。

②设计在线：http：//www. dolcn. com。

③5D 多媒体：http：//www. 5d. cn。

④联创网页设计室：http：//www. lench. com。

3. 课程考核与评价

（1）评价考核方式

本课程的评价考核分三个部分：职业素养考核、技能考核、知识考核，遵循"2 + 3 + 5"的考核方式。

（2）评价考核标准

①职业素养考核。包括平时的出勤率，完成书面作业任务的情况，完成实做

作业任务的情况等，占总评价成绩的20%。这部分内容重点考查学生的学习过程，包括学习态度、努力的程度以及表现出来的效果。

②教学形成性考核。包括每一部分上机检查，提交有关业务数据备份，并进行电子阅卷，提交实验报告；检查开发的应用程序及相关文档的完整性、正确性，有关实践能力的综合知识考查。此部分的成绩占总评价成绩的30%。

③期末卷面考试。采用闭卷形式，考试内容包括对概念的理解和应用，对系统分析、设计、实施的方法和原理的掌握两部分，题型可采用填空题、选择题、简答题、应用题、论述题等多种形式，此部分的成绩占总评价成绩的50%。

三维技术基础课程标准

一、课程基本信息

课程名称	三维技术基础	课 时	72
适用专业	影视动画、动漫设计、数字媒体技术	先修课程	Photoshop、计算机应用基础
课程代码		后续课程	三维动画制作
编 制 人	徐国艳、郭洪荣、李丹、翟瑶、陈新宇、张冰、罗伟、郭军	制定日期	2017.6

二、课程概述

1. 课程性质

本课程是影视动画专业的专业核心课程，是影视动画专业的必修课，是校企合作开发的基于工作过程的课程，是省级别的精品课。

2. 课程作用

本课程符合高技能人才培养目标和专业相关技术领域职业岗位（群）的任职要求。通过本课程学习，学生能够完成三维模型师岗位上的初级模型师任务，具有独立分析问题、解决问题的能力，养成良好的团队合作等职业道德，为成为一名合格的三维模型师打下坚实的基础。

3. 课程设计思路

针对高技能人才培养目标和专业相关技术领域职业岗位（群）的任职要求，根据三维技术课程的学习特点，设计模块化教学，推进"项目教学""任务教学""理论与实践结合"的教学模式改革，以企业真实项目为导向，整合、序化教学内容。

三、课程目标

1. 知识目标

（1）了解三维动画制作流程。

（2）了解三维模型的分类及模型制作标准。

（3）掌握三维建模软件的基本操作。

（4）理解模型、UV、贴图的关系。

（5）了解 UV 拆分的基本要求。

（6）了解三维颜色贴图绘制的基本方法及要求。

2. 能力目标

（1）能熟练使用三维软件及相关软件。

（2）具有三维建模的能力，会根据客户的要求思考三维建模思路，创建基本模型。

（3）能根据图纸要求创建出相关的三维模型。

3. 素质目标

（1）培养学生热爱本职工作、勤奋踏实、勤于思考、团队合作的精神。

（2）培养学生的专业技能素质、科学文化素质、心理素质。

（3）通过项目培养学生遵守岗位规则、团队协作规则、项目规则。

四、课程内容设计

序号	模块名称	项目名称	任务/单元 编号、名称	教学目标	教学方法、手段	学时
1	三维基础操作	三维软件基础	1－1　三维软件基础1 1－2　三维软件基础2	1. 了解三维制作流程 2. 掌握三维软件基本界面操作等	工序法、直观演示法	16
		多边形基本建模	1－3　创建箱子模型 1－4　创建骰子模型	1. 掌握基本多边形建模方法 2. 掌握倒角命令、贴图绘制方法、复制命令、UV 要求等	项目作业法、直观演示法	
			1－5　制作树叶模型 1－6　制作高尔夫模型 1－7　制作书架上的书的模型	1. 掌握利用透明贴图建模的方法 2. 掌握多边形建模的挤出命令的应用 3. 掌握多边形加线并学会应用	项目作业法、直观演示法	

序号	模块名称	项目名称	任务/单元 编号、名称	教学目标	教学方法、手段	学时
1	三维基础操作	曲线建模	1－8　水池曲线绘制 1－9　水池曲面成形	1. 能够读懂 CAD 图 2. 掌握曲线绘制的技巧 3. 掌握曲面成形的方法与应用	项目作业法、直观演示法	16
2	道具制作	创建盾牌模型	2－1　基础模型创建 2－2　UV 拆分及贴图绘制	掌握游戏道具建模的基本思路及制作方法	项目作业法	14
		创建木剑模型	2－3　模型创建 2－4　UV 拆分及贴图绘制			
		创建斧子模型	2－5　斧头模型创建 2－6　斧柄模型创建 2－7　UV 拆分及贴图绘制	掌握影视道具建模的基本思路及制作方法	项目作业法	
3	场景制作	创建校园一角模型	3－1　基础模型创建 3－2　UV 拆分及贴图制作 3－3　利用 Paint Effect 对场景进行美化	1. 掌握对齐命令的使用及 Paint Effect 的应用 2. 能制作固定尺寸的多边形项目 3. 培养三维建模思维	项目作业法	4
		创建喷泉模型	3－4　创建基础模型 3－5　UV 拆分及贴图制作	1. 掌握旋转建模的基本方法及四方连续贴图的使用 2. 了解类似模型的建模技巧	项目作业法、直观演示法、任务驱动法、启发式教学	10
		创建房子模型	3－6　创建基础模型 3－7　UV 拆分及贴图制作	1. 了解游戏类房子模型的布线及建模方法与技巧 2. 培养团队合作精神及项目处理方法		

续表

序号	模块名称	项目名称	任务/单元 编号、名称	教学目标	教学方法、手段	学时
4	角色制作	游戏类角色制作	4－1 建模思路及模型制作 4－2 UV 拆分 4－3 贴图绘制	1. 了解角色比例构成及结构，能整体合理地布线 2. 能够创建一个符合设计图的角色模型并进行贴图绘制 3. 培养过硬的专业技能、敏锐的观察力、协调能力及团队合作能力和执行力	项目作业法、直观演示法、任务驱动法、启发式教学	16
		卡通类角色制作	4－4 建模思路及模型制作 4－5 UV 拆分 4－6 贴图绘制			
5	人物头部建模	创建人物头部模型	5－1 头部整体轮廓布线制作 5－2 眼部、口部、鼻子、耳朵等五官制作	1. 了解角色比例构成及结构，能整体合理地布线 2. 能够创建一个符合设计图的角色模型并进行贴图绘制 3. 培养过硬的专业技能、敏锐的观察力、协调能力及团队合作能力和执行力	项目作业法、直观演示法、任务驱动法、启发式教学	12
		人物头部UV 编辑	5－3 整体头部 UV 拆分			
		人物头部贴图绘制	5－4 头部贴图绘制 5－5 贴图与模型的连接			

五、课程实施保障

1. 教学条件

项目/模块名称	仪器设备名称	功能要求
三维基础操作	计算机、手绘板	硬件：高配置计算机；软件：Windows 操作系统、Maya、PS、AE 等
道具制作	计算机、手绘板	硬件：高配置计算机；软件：Windows 操作系统、Maya、PS、AE 等
场景制作	计算机、手绘板	硬件：高配置计算机；软件：Windows 操作系统、Maya、PS、AE 等
人物头部建模	计算机、手绘板	硬件：高配置计算机；软件：Windows 操作系统、Maya、PS、AE 等
角色制作	计算机、手绘板	硬件：高配置计算机；软件：Windows 操作系统、Maya、PS、AE 等

2. 课程资源的开发与利用

（1）教材的选用或编写建议

徐国艳，《三维建模技术》，大连理工大学出版社，2016。

（2）推荐的教学参考资料

①时代印象，《中文版 Maya 2017 技术大全》，人民邮电出版社，2016。

②王琦、火星时代，《Autodesk Maya 2015 标准教材 1》，人民邮电出版社，2014。

③环球数码（IDMT），《动画传奇：Maya 模型制作》，清华大学出版社，2011。

（3）教学软件

Maya、3d Max、Photoshop、AE、Bodypaint 等。

（4）主要参考网站

①勤学网：http：//www. qinxue. com。

②我要自学网：http：//www. 51zxw. net。

③Maya 动画资源网：http：//www. maya09. cn。

3. 课程考核与评价

（1）评价考核方式

本课程的考核采用平时考核 + 平时作业考核 + 综合作业考核 + 期末考试的方式。

（2）评价考核标准

序号	项目名称	考核内容	考核标准	分值
1	平时考核	出勤、工作态度、团队合作	考勤（3分）、工作态度（3分）、团队合作（4分），发现做与实训无关的内容一次扣1分，扣完为止	10
2	平时作业	10次作业的作业质量、作业完成度	少一次作业扣2分，扣完为止；每次作业的作业完成度及作业质量各占10分，满分20分	20
3	综合作业	2个作品作业，期中、期末各一个	少一次作业扣10分，扣完为止；每次作业的作品完成度及作品质量各占10分，满分20分	20
4	期末考试	根据试卷要求实操考试	10分的理论试题，40分的实操试题；按试卷要求现场完成实际操作要求，考试时间为2小时	50
合计				100

制作系统数字影视课程标准

一、课程基本信息

课程名称	制作系统数字影视	课　　时	102
适用专业	计算机多媒体技术	先修课程	色彩学、影视鉴赏、Photoshop、3d Max、Flash 和 Maya 等
课程代码		后续课程	影视制作实训
编 制 人	姚学峰、徐晓宏、谷冰、白云、张殿庠、徐冰、焦战、刘莹、李可、边睿	制定日期	2017. 10

二、课程概述

1. 课程性质

伴随着数字制作技术的发展，数字电影特技所呈现出的营造现实和再现奇观的表现能力，为电影特技、影视栏目包装等提供了一个大显身手的舞台。目前市场上游戏及影视特效专业制作人才相当缺乏，而且其中能将场景特效从设定到制作整个流程完全运作下来的人员少之又少，所以本课程是计算机多媒体技术专业职业技能模块的一门主干必修课程。本课程以职业岗位需求为中心，以素质教育、创新教育为基础，以学生能力培养、技能实训为本位，使高职专业教育与社会有机衔接，全面构建适应 21 世纪人才培养需求。

2. 课程作用

通过本课程的学习，学生可以掌握影视动画特效的制作方法（包括声音特效、视频特效以及 3D 特效等）。本课程为多媒体专业学生开辟了一个新的发展方向，同时也为他们拓宽了就业道路，使他们既能够胜任影视特效与合成制作、影视片头动画制作工作，也能胜任产品广告、视频合成等动画制作相关岗位。

3. 课程设计思路

本课程注重对学生的创造性思维方式和独立制作能力的培养，旨在提高学生的实际操作能力，强调各模块的综合运用。课程以实例模拟操作为主线，将各模块的运用进行实战提升，能够帮助学生建立新的思维方式和造型观念，使其熟悉从制作到思考、从思考到设计、从设计到创作的过程。

三、课程目标

1. 知识目标

（1）了解影视动画特效基础知识。

（2）了解影视特效软件基础。

（3）掌握 2D、3D 影像合成技术。

（4）掌握影视片头动画制作方法。

（5）掌握动画特效制作方法。

（6）初步掌握影视动画制作技巧。

（7）初步掌握影视动画合成技巧。

2. 能力目标

（1）能够运用软件制作片头动画特效。

（2）能够运用软件制作产品广告动画特效。

（3）培养影视动漫鉴赏能力和审美能力。

3. 素质目标

（1）具有人际交往及沟通的能力。

（2）具有团队协作精神和公共关系处理能力。

（3）具有自学能力，获取信息的能力，以及一定的组织、管理能力。

（4）具有敬业爱岗的职业意识和良好的职业道德意识。

四、课程内容设计

序号	项目/模块名称	任务/单元编号、名称	教学目标	教学方法、手段	学时
1	视频编辑基础知识	1－1 编辑的基础知识和一般工作流程 1－2 专业信号种类、电视制式、文件格式和专业知识	1. 掌握编辑的基础知识 2. 了解专业信号种类、电视制式、文件格式和专业知识	案例分析法、发现法、实践法、对比法	2

续表

序号	项目/模块名称	任务/单元编号、名称	教学目标	教学方法、手段	学时
2	视频编辑入门	2-1 采集、导入和管理素材的方法 2-2 影视原文件的基本操作 2-3 视频窗口的使用	1. 掌握采集、导入和管理素材的方法 2. 掌握影视原文件的基本操作 3. 了解视频窗口的使用方法	案例分析法、发现法、实践法、对比法	6
3	编辑基础	3-1 时间线的使用 3-2 关键帧的编辑技巧、运动效果的创建和编辑	1. 了解时间线的使用方法 2. 掌握关键帧的编辑技巧、运动效果的创建和编辑	案例分析法、发现法、实践法、对比法	4
4	视频转场	4-1 视频转场的基本操作技巧 4-2 十大类视频转场的使用场合和操作技巧	1. 了解视频转场的基本操作技巧 2. 掌握十大类视频转场的使用场合和操作技巧	案例分析法、发现法、实践法、对比法	8
5	视频特效的应用	5-1 视频特效的功能与设置 5-2 自带视频特效的不同特点和使用方法	1. 了解视频特效的功能与设置 2. 掌握自带视频特效的不同特点和使用方法	案例分析法、发现法、实践法、对比法	4
6	调色与抠像	视频颜色校正	掌握视频颜色校正	案例分析法、发现法、实践法、对比法	4
7	字幕的制作	7-1 静态字幕与动态字幕的设计技巧 7-2 应用字幕样式和使用模板	1. 掌握静态字幕与动态字幕的设计技巧 2. 了解应用字幕样式和使用模板	案例分析法、发现法、实践法、对比法	8

序号	项目/模块名称	任务/单元编号、名称	教学目标	教学方法、手段	学时
8	音频的制作	8-1 音频轨道的关键帧技术 8-2 调音台面板的设置 8-3 音频特效滤镜	1. 掌握音频轨道的关键帧技术 2. 掌握音频制作的设置 3. 掌握音频特效滤镜	案例分析法、发现法、实践法、对比法	8
9	影片的输出	9-1 视频文件的格式类型 9-2 导出媒体文件的选项设置	1. 了解视频文件的格式类型 2. 了解导出媒体文件的选项设置	案例分析法、发现法、实践法、对比法	4
10	AE 图层的应用	10-1 图层的基本操作 10-2 图层的5个基本变化属性和关键帧动画	1. 掌握图层的基本操作 2. 掌握基本变化属性和关键帧动画	案例分析法、发现法、实践法、对比法	6
11	蒙板动画	11-1 蒙板的使用方法和应用技巧 11-2 蒙板功能	1. 掌握蒙板 2. 了解蒙板功能	案例分析法、发现法、实践法、对比法	8
12	时间轴特效	12-1 关键帧的基本操作 12-2 时间重置和图形编辑器	1. 掌握关键帧的基本操作 2. 了解时间重置和图形编辑器	案例分析法、发现法、实践法、对比法	4
13	文字特效	13-1 文字工具 13-2 文字层 13-3 文字特效 13-4 文字制作技巧	1. 掌握如何创建文字 2. 掌握如何创建文字层 3. 掌握如何设置文字特效 4. 掌握文字制作技巧	案例分析法、发现法、实践法、对比法	8

续表

序号	项目/模块名称	任务/单元编号、名称	教学目标	教学方法、手段	学时
14	滤镜特效	14－1 模糊与锐化、色彩校正、生成 14－2 扭曲、噪波与颗粒 14－3 仿真、风格化	掌握各种特效的调节方法和使用方式	案例分析法、发现法、实践法、对比法	12
15	跟踪与表达式	15－1 单点跟踪和多点跟踪 15－2 创建表达式和编辑表达式	1. 掌握跟踪的原理 2. 掌握创建表达式和编辑表达式	案例分析法、发现法、实践法、对比法	4
16	声音特效	16－1 声音的导入 16－2 声音导入与监听、声音长度的缩放 16－3 声音的淡入淡出、声音的倒放 16－4 低音和高音、声音的延迟	1. 掌握导入声音的方法 1. 掌握声音素材的调节方式	案例分析法、发现法、实践法、对比法	4
17	三维合成特效	17－1 制作三维合成特效的方法和技巧 17－2 应用灯光和摄像机	掌握三维合成里的各种操作	案例分析法、发现法、实践法、对比法	8

五、课程实施保障

1. 教学条件

项目/模块名称	仪器设备名称	功能要求
视频编辑基础知识	计算机	能够完成软件的运行
视频编辑入门	计算机	能够完成软件的运行
编辑基础	计算机	能够完成软件的运行
视频转场	非编系统	能够完成软件的运行

项目/模块名称	仪器设备名称	功能要求
视频特效的应用	计算机	能够完成软件的运行
调色与抠像	计算机	能够完成软件的运行
字幕的制作	计算机	能够完成软件的运行
音频的制作	计算机	能够完成软件的运行
影片的输出	计算机	能够完成软件的运行
AE 图层的应用	计算机	能够完成软件的运行
蒙板动画	计算机	能够完成软件的运行
时间轴特效	计算机	能够完成软件的运行
文字特效	计算机	能够完成软件的运行
滤镜特效	计算机	能够完成软件的运行
跟踪与表达式	计算机	能够完成软件的运行
声音特效	计算机	能够完成软件的运行
三维合成特效	计算机	能够完成软件的运行

2. 课程资源的开发与利用

（1）教材的选用或编写建议

王世宏，《After Effects 7.0 实例教程》，人民邮电出版社，2008。

（2）推荐的教学参考资料

康熙丰、何成战、康熙品，《Maya/After Effects 影视包装技法深度剖析》，科学出版社、北京希望电子出版社，2009。

金日龙，《After Effects 影视后期制作标准教程（CS4 版）》，人民邮电出版社，2011。

孙立军、王宏昆，《影视动画后期合成与特效制作》，中国传媒大学出版社，2012。

（3）教学软件

After Effects、Premiere、Photoshop、EDUIS。

（4）主要参考网站

火星时代教育：http：//www.hxsd.com。

3. 课程考核与评价

由于该课程侧重于对学生动手能力的培养，因此，只有通过上机考查的方式才能测出学生的真实水平。

考核形式采用"平时＋上机"的方式进行，平时成绩占 30%，期末测试成绩占 70%。